W0268145

Entwurfsprinzipien und Konstruktionskonzepte der Softwaretechnik

Joachim Goll

Entwurfsprinzipien und Konstruktionskonzepte der Softwaretechnik

Strategien für schwach gekoppelte, korrekte und stabile Software

2., aktualisierte Auflage

Joachim Goll
IT-Designers Gruppe
Esslingen, Deutschland

ISBN 978-3-658-25974-7 ISBN 978-3-658-25975-4 (eBook)
https://doi.org/10.1007/978-3-658-25975-4

Die Deutsche Nationalbibliothek verzeichnet diese Publikation in der Deutschen Nationalbibliografie; detaillierte bibliografische Daten sind im Internet über http://dnb.d-nb.de abrufbar.

Springer Vieweg

Springer Vieweg ist ein Imprint der eingetragenen Gesellschaft Springer Fachmedien Wiesbaden GmbH und ist ein Teil von Springer Nature
Die Anschrift der Gesellschaft ist: Abraham-Lincoln-Str. 46, 65189 Wiesbaden, Germany

Vorwort zur 2. Auflage

Dieses Buch beschreibt wichtige Entwurfsprinzipien und Konstruktionskonzepte für den Bau von Software. Entwurfsprinzipien sind bewährte, einfache und klare Denkkonzepte des Software Engineering, die dem Entwickler helfen, gute Softwaresysteme zu konstruieren.

Entwurfsprinzipien wurden aus dem Erfahrungsschatz der Softwareentwickler abgeleitet. Entwurfsprinzipien sind Handlungsanweisungen für die erfolgreiche Konstruktion von Systemen. Es sind abstrakte Grundsätze, die dem Handeln zugrunde gelegt und deren Konsequenzen überprüft werden können. Ein gutes Verständnis der Entwurfsprinzipien ist für den Bau einer hochwertigen Software unverzichtbar. Entwurfsprinzipien lenken den Blick eines Entwicklers in die richtige Richtung. Sie überzeugen durch ihre zwingende Logik und durch grundsätzlich positive Erfahrungen über Jahrzehnte hinweg.

Entwurfsprinzipien greifen insbesondere in die Konstruktion eines Systems ein und betreffen hierbei die für den Entwickler sichtbare Qualität des Quellcodes eines Programms. Der Schwerpunkt der meisten Entwurfsprinzipien liegt eindeutig auf der Entkopplung der Softwareteile bzw. der Abschwächung von Abhängigkeiten. Im Zuge der Clean-Code-Bewegung wird den Entwurfsprinzipien eine gesteigerte Aufmerksamkeit zuteil.

Die wesentlichen Entwurfsprinzipien und Konstruktionskonzepte zu verstehen und vor den Augen zu haben, ist Voraussetzung für das Schreiben einer guten Software. Inwieweit Entwurfsprinzipien berücksichtigt werden, hängt von der jeweiligen Projektsituation ab. So kann es sein, dass der Performance des Systems in einem Projekt eine höhere Priorität eingeräumt wird als bestimmten Entwurfsprinzipien. Verstöße gegen Entwurfsprinzipien müssen aber generell sehr sorgsam abgewogen werden, da die Nichtbeachtung von Entwurfsprinzipien zu erheblichen Mängeln der zu schreibenden Software führen kann und damit auch Qualitätsziele verfehlt werden können.

Qualitätsziele für den Entwurf sind beispielsweise

- die Entkopplung von Softwareteilen,
- Einfachheit und Verständlichkeit,
- Testbarkeit oder
- Stabilität.

Die genannten Qualitätsmerkmale betreffen die Güte der Konstruktion eines Softwaresystems und damit natürlich auch die Verantwortung der Softwareentwickler. Solche Merkmale werden innere[1] Qualitätsmerkmale genannt.

Es gibt keine allgemein anerkannten Kataloge von Entwurfsprinzipien. Daher enthält dieses Buch nur eine subjektive Auswahl, die dem Autor in der Praxis häufig begegnet ist und auch in der Clean-Code-Bewegung eine große Rolle spielt.

---

1 Neben inneren gibt es auch äußere Qualitätsmerkmale wie Performance oder Bedienbarkeit, die für den Kunden direkt sichtbar und wichtig sind.

Kapitel 1 analysiert die historische Entwicklung des Konzepts von Software-Modulen. Kapitel 2 untersucht die Frage, wie Abhängigkeiten bei der Konstruktion von Systemen entstehen können. Kapitel 3 bis 9 diskutieren wichtige Entwurfsprinzipien und Konzepte für die Konstruktion schwach gekoppelter, korrekter und stabiler Software. Kapitel 3 betrachtet Entwurfsprinzipien zur modularen Struktur von Systemen, Kapitel 4 befasst sich mit Entwurfsprinzipien zur Reduktion der Komplexität, letztendlich um unnütze Abhängigkeiten zu vermeiden, Kapitel 5 mit Entwurfsprinzipien und Konzepten für die Konstruktion schwach gekoppelter Teilsysteme und Kapitel 6 mit Entwurfsprinzipien und Konzepten für korrekte Programme. Kapitel 7 untersucht Entwurfsprinzipien für die Stabilität und Erweiterbarkeit bei Programmänderungen, Kapitel 8 erörtert das Konzept "Inversion of Control" und Kapitel 9 gibt eine Übersicht über die vorgestellten Entwurfsprinzipien und Konzepte.

"Lernkästchen", auf die grafisch durch eine kleine Glühlampe ( ) aufmerksam gemacht wird, stellen eine Zusammenfassung des behandelten Inhalts in kurzer Form dar. Sie erlauben eine rasche Wiederholung des Stoffes.

"Warnkästchen", die durch ein Vorsichtssymbol ( ) gekennzeichnet sind, zeigen Fallen und typische, gern begangene Fehler an, die in der Praxis oft zu einer langwierigen Fehlersuche führen oder – noch schlimmer – erst im Endprodukt beim Kunden erkannt werden.

Alle Beispielprogramme des Buches sind auf dem begleitenden Webauftritt unter www.springer.com zu finden, damit Sie diese bequem selbst ausführen und nachvollziehen können. Die Errata-Liste mit Korrekturen zum Buch ist ebenfalls unter www.springer.com zu finden.

Schreibweisen

In diesem Buch sind der Quellcode sowie die Ein- und Ausgabe der Beispielprogramme in der Schriftart `Courier New` geschrieben. Dasselbe gilt für Programmteile wie Klassennamen, Namen von Operationen und Variablen etc., die im normalen Text erwähnt werden.

Wichtige Begriffe im normalen Text sind **fett** gedruckt, um sie hervorzuheben.

Danksagung

Frau Patricia Maier, Herrn Prof. Dr. Manfred Dausmann, Herrn Timo Acquistapace, Herrn Christoph Gschrey, Herrn Lukas Jaeckle, Herrn Benjamin Jester, Herrn Markus Just, Herrn Marcel Kilian, Herrn Maximilian Schall und Herrn Michael Watzko danken wir für zahlreiche wertvolle Diskussionen sowie Herrn Jordanis Andreanidis für die professionelle Durchführung des Konfigurationsmanagements.

Esslingen, im Februar 2019 — Joachim Goll

Inhaltsverzeichnis

Kapitel 1

Software-Module

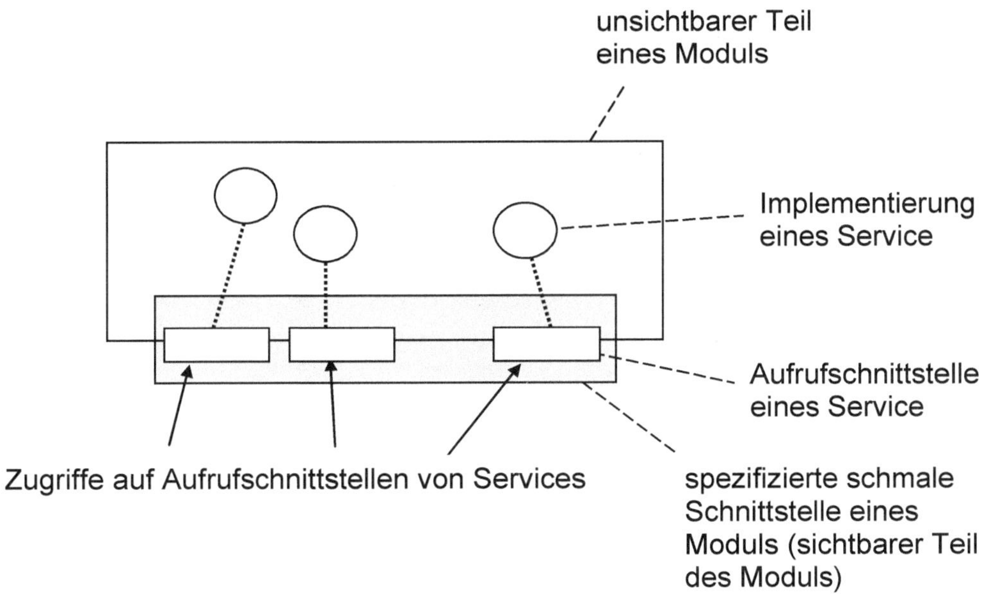

J. Goll, *Entwurfsprinzipien und Konstruktionskonzepte der Softwaretechnik*,
https://doi.org/10.1007/978-3-658-25975-4_1

1 Software-Module

Kapitel 1.1 befasst sich mit der Zerlegung eines physisch vorhandenen Systems in seine Teile, die als Module bezeichnet werden. Kapitel 1.2 erörtert die verschiedenen Konzepte zur Konstruktion von Modulen. Die Vorteile der Aufteilung eines Systems in Module werden in Kapitel 1.3 betrachtet.

1.1 Modularisierung von Systemen

Bereits beim Bau der ersten Softwaresysteme wurde erkannt, dass es sehr wichtig ist, sie aus Teilsystemen – also **modular** – aufzubauen. Die folgende Abbildung zeigt beispielhaft ein modular aufgebautes System aus drei Modulen:

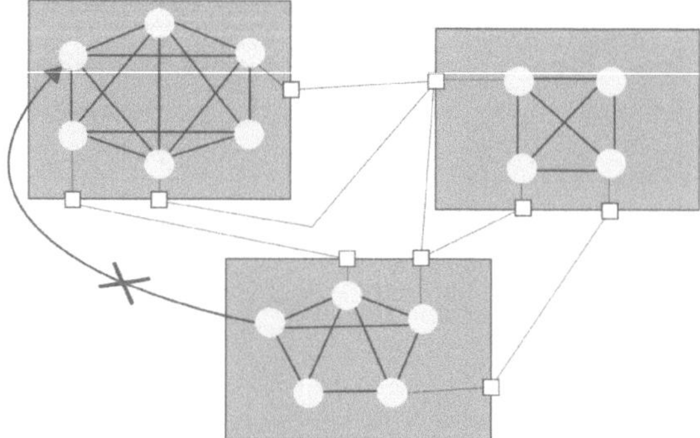

Abbildung 1-1 Module mit starkem inneren Zusammenhang ihrer Elemente und schwachen Wechselwirkungen nach außen[2]

Module stellen Klassen bzw. Funktionen und Daten zur Lösung von bestimmten Problemen zur Verfügung. Was genau ein Modul enthält, ist abhängig von der Programmiersprache. Für das Konzept der Module spielt es jedoch keine Rolle, ob beispielsweise prozedural oder objektorientiert gearbeitet wird.

Modularisierung ist die Strukturierung eines **physischen Systems** in **schwach wechselwirkende Teile des Systems**, die **Module**. Diese Module kann man benutzen, ohne eine Kenntnis über die innere Struktur der Module zu haben.

Ein **Modul** ist eine physische Einheit eines Systems im Rahmen der technischen Lösung (Lösungsbereich[3]), also in der Welt der Konstruktion.

Die folgenden Unterkapitel dienen einer genaueren Betrachtung.

2 Ein direkter Zugriff auf die Elemente eines Moduls ist verboten (durchgekreuzt im Bild). Die kleinen eckigen Kästchen auf dem Rand der Module symbolisieren die Schnittstellen der Services der Module.

3 zum Begriff "Lösungsbereich" siehe Begriffsverzeichnis

1.1.1 Strukturierung eines Systems in Teile

Eine Aufteilung eines Systems führt zu **Teilsystemen einer geringeren Komplexität** und damit zu einer besseren Verständlichkeit. Eine Aufteilung eines Systems in Module kann generell nach dem Prinzip **"Teile und Herrsche"**[4] unter Finden geeigneter **Abstraktionen**[5] für die Zuständigkeiten der verschiedenen Teile des Systems erfolgen.

Wird ein System in Module strukturiert, so bedeutet das, dass ein Modul nur eine sogenannte **schmale Modul-Schnittstelle**[6] nach außen zur Verfügung stellt, die so wenig wie möglich über das Innere eines Moduls offenlegt.

Nur die Schnittstelle eines Moduls ist nach außen sichtbar. Über diese Schnittstelle eines Moduls können die anderen Module zugreifen, um die vom Modul angebotenen Dienste (Services) zu verwenden. Alle Informationen eines Moduls sollen über die schmale Schnittstelle des betreffenden Moduls ausgetauscht werden. Damit beeinflusst ein Modul andere Module nur wenig.

Eine schmale Schnittstelle stellt das Bindeglied zwischen den Nutzern eines Moduls und der Implementierung des Moduls dar.

Die innere Struktur eines Moduls, d. h. seine Implementierung, ist gekapselt und bleibt nach dem Prinzip **"Information Hiding"**[7] von David L. Parnas verborgen.

In der deutschen Literatur wird das Prinzip "**Information Hiding**" auch als **Geheimnisprinzip** bezeichnet.

Einem Modul darf nur die Schnittstelle eines anderen Moduls bekannt sein. Die Verwendung einer Schnittstelle, ohne das Innere des entsprechenden Moduls zu kennen, wird **Benutzungsabstraktion** genannt.

Modularisieren ist also mehr, als nur zu separieren.

Nach der Festlegung der Schnittstellen der Module können die verschiedenen Module von verschiedenen Entwicklern parallel bearbeitet und beispielsweise getrennt voneinander programmiert und getestet werden.

Da Module stets schmale Schnittstellen als Abstraktion ihrer Leistung aufweisen müssen, können die einzelnen Module auch leichter ausgetauscht werden.

---

4 siehe Kapitel 3.1

5 Auf den Begriff der "Abstraktion" wird in Kapitel 1.2.2 eingegangen.

6 siehe "Schnittstelle" im Begriffsverzeichnis

7 siehe Kapitel 1.2.3 und Kapitel 5.2

1.1.2 Kapselung änderbarer Designentscheidungen in Modulen

Bekannt wurde der Begriff eines **"Moduls"** durch die Veröffentlichung "On the criteria to be used in decomposing systems into modules" von David L. Parnas im August 1971 an der Carnegie Mellon University in Pittsburgh, Pennsylvania [Par71]. In dieser Arbeit zitierte David L. Parnas wiederum Richard Gauthier und Stephan Pont, die den Begriff des "Moduls" bereits in ihrem Buch "Designing Systems Programs" [Gau70] im Jahre 1970 verwendeten.

Ein Modul nach David L. Parnas sollte zur Erzeugung von **Stabilität** schwierige Designentscheidungen oder Designentscheidungen, die sich vermutlich noch ändern werden, in seinem Inneren kapseln.

Die **Kapselung von Designentscheidungen** durch Parnas beruhte auf der **"Änderungswahrscheinlichkeit"** eines Moduls, einer Sichtweise, die aber erst durch Robert C. Martin im Jahre 2002 endgültig mit dessen Begriff der **"Verantwortlichkeit"** als Grund für Veränderungen eines Moduls allgemein akzeptiert wurde [Mar02, p. 97].

Vor Robert C. Martin (2002) war ein modulares System trotz des fortgeschrittenen Ansatzes von David L. Parnas, der seiner Zeit voraus war, in der Praxis meist nur der Gegensatz zu einem monolithischen System: Ein Modul eines modularen Systems beschrieb ein abgekapseltes Teilsystem, das über eine schmale Schnittstelle zugänglich war.

Dennoch ist es heutzutage unumstritten, dass ein Modul nur eine **einzige Verantwortlichkeit** als Grund für Änderungen besitzen soll.

1.1.3 Wann spricht man heutzutage von einem Modul?

Ein Modul basiert heutzutage (siehe Kapitel 1.2) auf

- einer einzigen Verantwortlichkeit,
- dem Verbergen der Implementierung ("Information Hiding") und
- der Benutzungsabstraktion.

1.1.4 Was steckt in einem Modul?

Was ein Modul enthält, ist vollkommen variabel. Ein Modul als Einheit des Lösungsbereichs kann folgende Funktionalitäten umfassen:

- eine Funktionalität des reinen Problembereichs[8],
- eine Funktionalität des reinen Lösungsbereichs, aber auch
- eine Funktionalität des Problembereichs gemischt mit einer Funktionalität des Lösungsbereichs.

[8] siehe "Problembereich" im Begriffsverzeichnis

1.2 Konzepte zur Konstruktion von Modulen

Module werden durch Abstraktion und unter Verwendung einer einzigen Verantwortlichkeit pro Modul gefunden. Auf diese Konzepte soll in den folgenden Unterkapiteln eingegangen werden.

1.2.1 Eine einzige Verantwortlichkeit pro Modul

Nach dem **"Single Responsibility Principle"** von Robert C. Martin (2002) darf es nur eine **einzige Verantwortlichkeit** pro Modul geben.

Mit dem "Single Responsibility Principle" soll verhindert werden, dass bei der Veränderung einer Verantwortlichkeit eine andere Verantwortlichkeit eines Systems in unbeabsichtigter Weise beschädigt wird.

Das "Single Responsibility Principle" wird detailliert in Kapitel 5.7 analysiert.

1.2.2 Abstraktionen

Eine Abstraktion arbeitet generell das Wesentliche heraus und lässt das Unwesentliche weg. Es geht dabei um die Fragen: "Was ist wichtig?" bzw. "Was ist unwichtig?"

Abstraktionen werden bei der Modularisierung eines Systems in benachbarte Teilsysteme in zwei verschiedenen Bereichen benötigt. Diese sind:

- **Identifikation der verschiedenen Teile eines Systems**, damit das System in benachbarte Teile geschnitten werden kann (Entwurfsprinzip **"Teile und Herrsche"** bzw. "**divide et impera**").
- **Finden der schmalen Schnittstellen der Module**, welche Services als Abstraktion ihrer Implementierung anbieten (**Benutzungsabstraktion**) und dabei die Implementierung verbergen (**"Information Hiding"**).

Nur durch den Einsatz von Abstraktionen wird die Komplexität eines Systems beherrschbar.

1.2.3 Kapselung von Modulen unter Abstraktion und "Information Hiding"

Die Implementierung eines Moduls darf nicht bei den Implementierungsentscheidungen anderer Module herangezogen werden. Darum wird die **Implementierung gekapselt**.

Die Konzepte Abstraktion und "Information Hiding" sind bei Kapselung eng miteinander verwoben.

Der Begriff der **"Kapselung"** umfasst

- **Benutzungsabstraktion** und
- **"Information Hiding"** der Implementierung.

Im Folgenden werden diese Konzepte und ihre Zusammenhänge erläutert.

Mit **Benutzungsabstraktion** wird das Verhalten einer Kapsel durch eine **schmale Schnittstelle** nach außen sichtbar gemacht. Diese schmale Schnittstelle enthält die Aufrufschnittstellen der vom Modul bereitgestellten Services, wie in der folgenden Abbildung angedeutet:

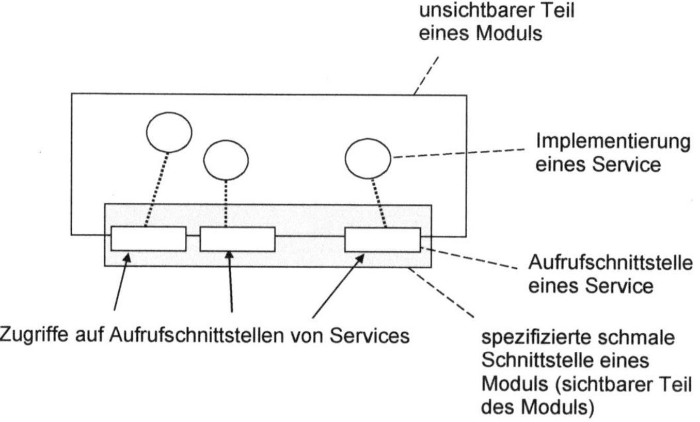

Abbildung 1-2 Gekapselter Zugriff auf ein Modul

Die inneren Details der Kapsel werden verborgen (**"Information Hiding"** der Implementierung). Hierbei wird der direkte Zugriff auf das Innere dieses Moduls unterbunden. Es ist stattdessen nur ein Zugriff über definierte Aufrufschnittstellen der einzelnen Services möglich.

1.2.4 Abstraktion und "Information Hiding" bei Klassen

Die Wichtigkeit der Kapselung zeigt sich auch auf der Ebene von Klassen. Klassen bestehen aus Methoden und Daten. Hierbei sind die Daten und die Methodenrümpfe der nach außen sichtbaren Methoden verborgen. Im Allgemeinen darf ein Zugang zu einem Objekt nur über die nach außen freigegebenen, sichtbaren Methodenköpfe der **Schnittstellenmethoden**, auch **öffentliche Methoden** genannt, der Klasse erfolgen.

Der Zugriff über die Methodenköpfe der Schnittstellenmethoden verhindert, dass Invarianten einer Klasse[9] – also Bedingungen über Daten, die alle Schnittstellenmethoden einer Klasse einhalten müssen – durch beliebige Zugriffe von außen umgangen werden können.

[9] siehe Kapitel 6.1.3.3

Ein Nutzer einer Klasse soll von deren Innenleben so wenig wie möglich erfahren.

Abstraktion und "Information Hiding" für Klassen sind in folgender Abbildung dargestellt:

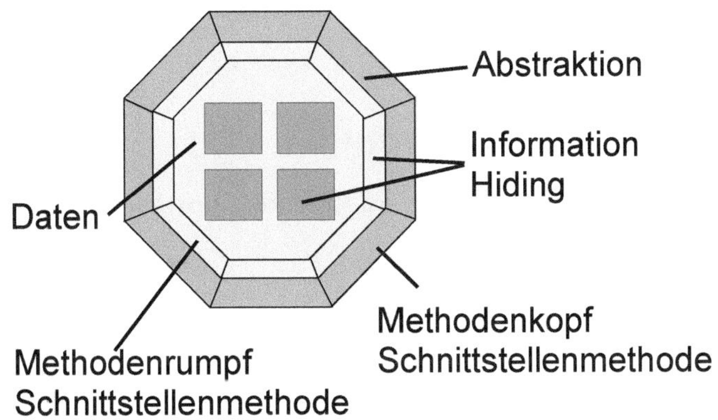

Abbildung 1-3 Daten und Methoden – die Bestandteile von Objekten

Die Funktionalität der Operationen bzw. Methoden, die auf den Daten eines Objekts arbeiten, werden in der Regel als eine "innere Fähigkeit" eines Objekts betrachtet. Wie die Operationen im Detail ablaufen, ist Sache des betreffenden Objekts. Von außen sieht man dann nur, wie die Schnittstellenmethoden aufgerufen werden können.

Ein Objekt sollte nur über definierte Schnittstellenmethoden mit seiner Umgebung in Kontakt treten.

Die Methodenköpfe der Schnittstellenmethoden bilden die Schnittstellen eines Objekts nach außen und stellen Abstraktionen der Leistung des Objekts dar. Diese Abstraktionen werden vom Objekt beim Aufruf der Schnittstellenmethoden zur Verfügung gestellt. Verborgen wird in der Regel die Implementierung der Klassen, d. h.

- die **Daten**,
- die Implementierung des nach außen sichtbaren Verhaltens, also die Implementierung von **Rümpfen der Schnittstellenmethoden** sowie
- **Service-Methoden**[10] (**Hilfsmethoden** für die eigene Klasse), die nur klassenintern benutzt werden und nach außen nicht sichtbar sind.[11]

[10] Service-Methoden zur Verwendung in der eigenen Klasse sind in Abbildung 1-3 nicht dargestellt. Solche Service-Methoden können nur durch Methoden derselben Klasse aufgerufen werden.

[11] Java erfüllt dieses Ziel nur zum Teil. In Java ist der Zugriffsschutz nur klassenbezogen realisiert. Dies bedeutet, dass es nur Objekten fremder Klassen verwehrt werden kann, auf ein anderes Objekt zuzugreifen. Ein Objekt einer bestimmten Klasse kann in Java stets auf alle Methoden und Datenfelder – sowohl öffentliche als auch private – eines Objekts derselben Klasse zugreifen, wenn es dieses kennt.

Die **Implementierung einer Klasse** soll **vor der Außenwelt verborgen** sein (**"Information Hiding"**). Dadurch wird vermieden, dass eine Klasse von der Implementierung einer anderen Klasse abhängt.

Nur die **Aufrufschnittstellen der Schnittstellenmethoden** dürfen in der Regel nach außen sichtbar sein. Über sie bietet ein Objekt nach außen seine Leistungen an.

1.3 Vorteile der Modularisierung

Eine **Modularisierung** hat für Systeme die folgenden **Vorteile**:

- **Beherrschbarkeit komplexer Systeme**

  Modulare Systeme bestehen aus schwach wechselwirkenden Modulen als Teile des Systems. Solche Systeme sind aufgrund der abgeschwächten Abhängigkeiten leichter zu entwickeln, zu testen und zu warten als monolithische Systeme ohne Modulstruktur.

- **Erhöhung der Flexibilität von Systemen**

  Bei Änderungen und Anpassungen sind nur wenige Module betroffen – im Idealfall nur ein einziges – und nicht das ganze System.

Die einzelnen **Module** haben die im Folgenden genannten **vorteilhaften Eigenschaften**[12]:

- **Benutzungsabstraktion**

  Das Testen und Verwenden eines Moduls kann erfolgen, ohne dass man dessen Aufbau kennt.

- **gegenseitige Nichtbeeinflussung**

  Durch Verbergen der Implementierung werden andere Module nicht von der Implementierung eines Moduls abhängig. Solange die Schnittstelle eines Moduls nicht verändert wird, kann man im Inneren eines Moduls beliebige Änderungen durchführen, da dessen Implementierung durch die Schnittstelle gekapselt und damit nach außen nicht sichtbar ist.

- **Single Responsibility**

  Hat jedes Modul nur eine einzige Verantwortlichkeit, so wird vermieden, dass bei der Bearbeitung einer Verantwortlichkeit in einem bestimmten Modul eine andere Verantwortlichkeit unabsichtlich beschädigt wird.

---

[12] Bitte beachten Sie, dass diese Eigenschaften nicht "orthogonal" zueinander und damit unabhängig voneinander sind. So sind beispielsweise die getrennte Entwickelbarkeit und Testbarkeit der Module mit der gegenseitigen Nichtbeeinflussung und der Kontextunabhängigkeit verknüpft.

- **getrennte Entwickelbarkeit, Testbarkeit und Änderbarkeit**

  Wenn die Schnittstellen der Module eines Systems feststehen, können diese Module unabhängig voneinander entwickelt, getestet und geändert werden.

- **Einhaltung des Lokalitätsprinzips**

  Alle Informationen eines Moduls befinden sich an einer einzigen Stelle.

- **Kontextunabhängigkeit**

  Module sind weitgehend kontextunabhängig[13]. Sie sind fast unabhängig von ihrer Umgebung entwickel- und verwendbar.

- **potenzielle Wiederverwendung**

  Module können unter Umständen mit wenig Aufwand in anderen Systemen wiederverwendet werden.

- **Wartbarkeit**

  Module können auch leichter an sich ändernde Systemumgebungen angepasst werden und sind damit leichter wartbar.

1.4 Zusammenfassung

Kapitel **1.1** behandelt die Aufteilung eines physischen Systems in Module. Ein Modul ist eine physische Zerlegungseinheit eines Systems im Lösungsbereich. Ein Modul ist vom Konzept her unabhängig davon, ob beispielsweise prozedural oder objektorientiert gearbeitet wird.

Kapitel **1.2** diskutiert die Konzepte zur Konstruktion von Modulen:

- eine einzige Verantwortlichkeit pro Modul,
- die Abstraktion zu einer schmalen Schnittstelle (Benutzungsabstraktion) und
- "Information Hiding" der Implementierung.

Kapitel **1.3** befasst sich mit den Vorteilen der Modularisierung.

Die Vorteile der Modularisierung sind, wenn man ganze Systeme betrachtet:

- die Beherrschbarkeit komplexer Systeme und
- die Erhöhung der Flexibilität von Systemen.

Die Vorteile der einzelnen Module sind:

- Benutzungsabstraktion,
- gegenseitige Nichtbeeinflussung,
- Single Responsibility,

---

[13] Module kommunizieren nur über schmale Schnittstellen. Das ist ihr einziger Kontext, von dem sie abhängig sind.

- getrennte Entwickelbarkeit, Testbarkeit und Änderbarkeit,
- Einhaltung des Lokalitätsprinzips,
- Kontextunabhängigkeit,
- potenzielle Wiederverwendbarkeit und
- Wartbarkeit.

Kapitel 2

Abhängigkeiten

J. Goll, *Entwurfsprinzipien und Konstruktionskonzepte der Softwaretechnik*,
https://doi.org/10.1007/978-3-658-25975-4_2

2 Abhängigkeiten

Dieses Kapitel stellt keine Entwurfsprinzipien vor, sondern es betrachtet die **Entstehung und Abschwächung von Abhängigkeiten**.

Eine **Abhängigkeit** ist eine spezielle Beziehung, die zum Ausdruck bringt, dass sich eine **Änderung des unabhängigen Elementes auf das abhängige Element auswirken** kann.

Die Abschwächung von Abhängigkeiten ist das Ziel der meisten Entwurfsprinzipien, damit eine Änderung im Programm weniger Folgeänderungen nach sich zieht.

Ralf Westphal[14] schreibt in seinem Blog [Wes10]:

"Abhängigkeiten sind eine der größten Geißeln der Softwareentwicklung. Wenn es ein allgemein anerkanntes Prinzip gibt, dann ist es, Abhängigkeiten zu minimieren. Jede Hilfe ist da willkommen."

Doch wie lassen sich Abhängigkeiten überhaupt feststellen?

Abhängigkeiten zwischen Modulen sind immer dann vorhanden, wenn ein Modul ein anderes Modul benötigt, um seine Aufgabe durchführen zu können.

So kann beispielsweise eine Komponente nur dann kompiliert werden, wenn eine andere Komponente vorhanden ist, oder eine Komponente kann eine bestimmte Datei an einem bestimmten Ort benötigen, damit sie ihre Aufgabe erfüllen kann.

Abhängigkeiten gibt es aber nicht nur

- **zwischen selbst geschriebenen Komponenten**, sondern auch
- **zu Fremdsoftware** wie verwendeten Bibliotheken, Frameworks, APIs, Datenbanken oder Betriebssystemen.

Oftmals enthält eine Software mehr und stärkere Abhängigkeiten als notwendig. Hierdurch erhöht sich der Aufwand für

- die Weiterentwicklung und die Wiederverwendung der Komponenten sowie
- die Wartung einer Software

erheblich.

---

[14] Ralf Westphal ist passionierter Blogger. Er gibt regelmäßig verschiedene grundlegende Überlegungen in seinem Blog "One Man Think Tank" (Ein-Mann-Denkfabrik) wieder. In seinem Artikel "Abhängigkeiten bewusster wahrnehmen" vom 07.09.2010 beschreibt er die Problematik von Abhängigkeiten und das Streben nach Hilfe, diese Abhängigkeiten abzuschwächen.

Das folgende Kapitel 2.1 befasst sich mit der Entstehung von Abhängigkeiten und Kapitel 2.2 mit den technischen Möglichkeiten, diese Abhängigkeiten abzuschwächen.

2.1 Entstehung von Abhängigkeiten

Kapitel 2.1.1 diskutiert statische Beziehungen und damit statische Abhängigkeiten zwischen Elementen. Kapitel 2.1.2 behandelt Abhängigkeiten, die zur Laufzeit auftreten, und Kapitel 2.1.3 befasst sich mit sogenannten logischen Abhängigkeiten.

2.1.1 Statische Beziehungen und statische Abhängigkeiten zwischen Elementen

Von einer **statischen Abhängigkeit** spricht man dann, wenn eine Komponente schon zur **Kompilierzeit** von

- einer anderen Komponente beziehungsweise
- ihrer Umgebung wie etwa einem Framework

abhängig ist.

Statische Abhängigkeiten sind bei Programmiersprachen, welche alle Programmteile zur Kompilierzeit prüfen, leicht zu erkennen. Der Compiler weist beim Kompilieren darauf hin, wenn ihm etwas fehlt, um erfolgreich kompilieren zu können.

Als **statische Beziehungen** zwischen den Klassen gibt es bei **UML**:

- **Assoziation**,
- **Generalisierung**,
- **Realisierung** und
- **Abhängigkeit**.

Dynamische Beziehungen nach UML werden in diesem Buch nicht im Detail betrachtet. Auf dynamische Abhängigkeiten zur Laufzeit wird lediglich auszugsweise in Kapitel 2.1.2 und in Kapitel 2.1.3 eingegangen.

Alle **statischen Beziehungen** sind streng genommen **statische Abhängigkeiten**, da in diesen Beziehungen Elemente andere Elemente benötigen.

Assoziationen, Generalisierungen und **Realisierungen** haben eine spezielle Semantik. Sie werden als eine **besondere Form der statischen Abhängigkeit** eingestuft.

Im Folgenden werden die verschiedenen statischen Beziehungen nach UML einzeln betrachtet:

- **Assoziation**

Eine **Assoziationsbeziehung** beschreibt die Verknüpfung zweier Klassen. Bei einer Assoziation brauchen sich beide Partner gegenseitig.

Im Folgenden ein Beispiel für eine Assoziation:

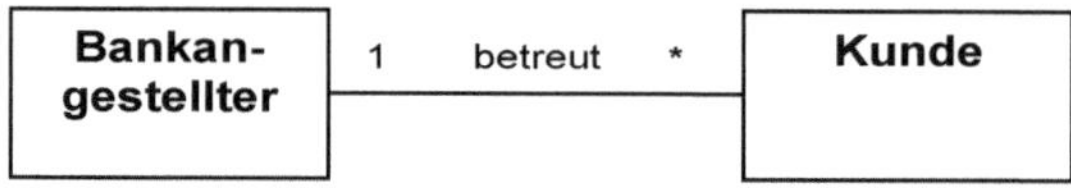

Abbildung 2-1 Ein Beispiel für eine Assoziation

Diese Abbildung zeigt, dass ein Bankangestellter viele Kunden betreut. Ferner kennt ein Kunde jeweils den für ihn zuständigen Bankangestellten. Diese Beziehung ist also bidirektional.

Durch Navigationspfeile kann die Zugriffsrichtung einer Assoziation eingeschränkt werden.

Bei einer Assoziation spielen deren Spezialfälle "**Komposition**" und "**Aggregation**" ebenfalls eine wichtige Rolle. Klassen können dabei andere Klassen enthalten bzw. diese referenzieren. Dem entspricht, dass Objekte andere Objekte enthalten bzw. diese referenzieren.

Eine **Komposition** ist ein **Spezialfall einer Assoziation**. Bei der Komposition gehört ein Teil genau zu einem einzigen zusammengesetzten Ganzen. Ein Teil lebt genauso lange wie das Ganze.

So enthält beispielsweise ein erstelltes Haus, wenn es nicht umgebaut wird, fest eine bestimmte Anzahl von Räumen. Im Folgenden wird das Klassendiagramm dieses Beispiels gezeigt:

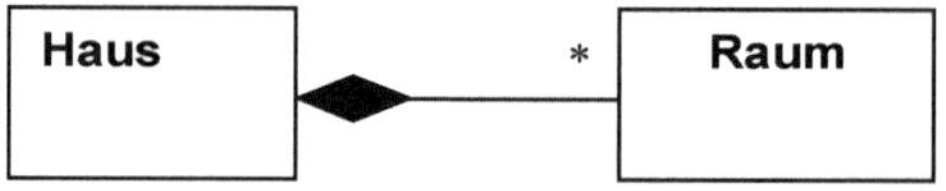

Abbildung 2-2 Ein Beispiel für eine Komposition

Eine **Aggregation** ist ein **Spezialfall einer Assoziation**. Bei einer Aggregation können eine oder mehrere aggregierende Komponenten ein und dieselbe aggregierte Komponente referenzieren. Die Lebensdauer einer aggregierenden und einer aggregierten Komponente kann verschieden lang sein.

Die folgende Abbildung zeigt exemplarisch ein Klassendiagramm einer Aggregation:

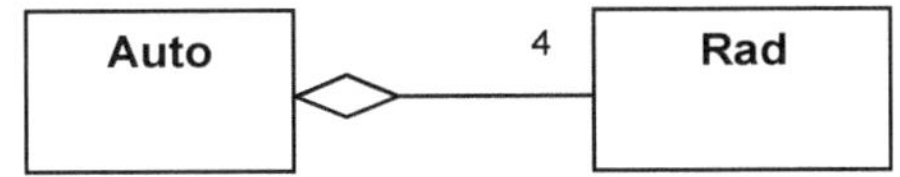

Abbildung 2-3 Ein Beispiel für eine Aggregation

Hier hat ein Auto vier Räder, die ausgetauscht werden können, beispielsweise wenn sie abgefahren sind. Genauso ist der Tausch von Winterrädern gegen Sommerräder und umgekehrt möglich.

- **Generalisierung**

Bei einer **Generalisierung** in einer Vererbungshierarchie versucht man, gemeinsame Eigenschaften (Attribute und Methoden) von ähnlichen Klassen in einer generalisierten – oft auch abstrakten – Klasse zusammenzufassen.

Die generalisierten Eigenschaften brauchen nur ein einziges Mail notiert zu werden und können über eine Vererbung zur Verfügung gestellt werden. Im Folgenden ein Beispiel für eine Vererbung:

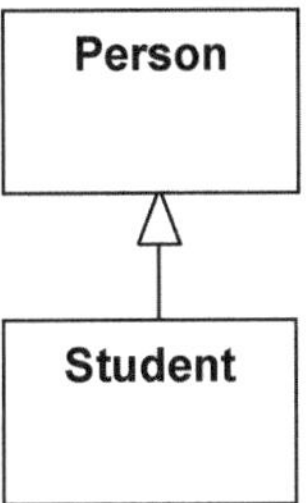

Abbildung 2-4 Ein Beispiel für eine Generalisierung

Abbildung 2-4 zeigt, dass eine Klasse `Student` von der Basisklasse `Person` abgeleitet ist.

Durch eine Vererbung – auch Ableitung genannt – entsteht eine spezialisierte Klasse, die sowohl die geerbten generalisierten Eigenschaften besitzt, als auch eigene, für diese Klasse spezifischen Eigenschaften definieren kann. Die **Generalisierung** wird von der abgeleiteten Klasse in die Richtung der Basisklasse gesehen. Die **Spezialisierung** ist in der Gegenrichtung. Vererbt wird von der Basisklasse zur abgeleiteten Klasse. Vererbt werden die Methoden und Attribute der Basisklasse in die abgeleitete Klasse. Eine Basisklasse merkt nicht, dass von ihr abgeleitet wird.

Die **Generalisierung** bzw. die **Vererbung** führt zur Kompilierzeit statisch zu einer dauerhaften Beziehung zweier Klassen, die sich in einer Hierarchie befinden, der Basisklasse und der von ihr abgeleiteten Klasse.

Zwischen Basisklasse und abgeleiteter Klasse herrscht wegen der Vererbung immer eine Abhängigkeit. Eine abgeleitete Klasse ist abhängig von der Basisklasse, da sie deren Struktur, die Datenfelder, und deren Verhalten, die Methoden, erbt. Die Abhängigkeit wird erheblich stärker, wenn die Daten und Methoden der Basisklasse in der abgeleiteten Klasse direkt sichtbar sind. Dies gilt für alle jene Elemente, welche nicht als privat in der Basisklasse vereinbart sind bzw. nicht überschrieben werden.

Prinzipiell stellt jede Klasse – sowohl die Basisklasse als auch die abgeleitete Klasse – einen eigenen Typ dar. Grundlage für den Einsatz der **Polymorphie** von Objekten sind Klassenhierarchien, die gleichzeitig auch Typhierarchien bilden, dadurch dass die abgeleiteten Klassen Subtypen ihrer Basisklassen sind.

Eine abgeleitete Klasse stellt einen eigenen Typ dar, der dann als **Subtyp** des Typs der Basisklasse bezeichnet wird, wenn das **liskovsche Substitutionsprinzip** und damit der Vertrag der Basisklasse eingehalten wird.

"Design by Contract" und Verträge werden in Kapitel 6.1 behandelt. Kapitel 6.2 erörtert das liskovsche Substitutionsprinzip.

Bei Einhaltung des liskovschen Substitutionsprinzips hat die Interpretation **"is a"** für die Ableitung ihre Berechtigung, da ein Subtyp alles hat (Methoden und Datenfelder), was eine Basisklasse auch hat, und sich die Objekte des Subtyps genau so verhalten wie die Objekte der Basisklasse, wenn die Objekte des Subtyps über Methoden der Basisklasse angesprochen werden.

Bei Einhaltung des liskovschen Substitutionsprinzips ist ein Objekt einer abgeleiteten Klasse also von seinem eigenen Typ und zusätzlich vom Typ der Basisklasse. Es kann sich in der Gestalt beider Typen zeigen (Polymorphie).

So tritt im täglichen Leben ein Student nur an der Hochschule als Student auf oder, wenn er als Student etwas billiger bekommt wie beispielsweise eine Fahrkarte. Ansonsten tritt der Student im Alltag als normale Person auf. Im Alltag muss also gelten: ein Student ist eine ("is a") Person. In der Programmierung muss dies dann so umgesetzt werden, dass die Klasse `Student` ein Subtyp der Klasse `Person` ist.

- **Realisierung**

Bei einer **Realisierung** wird der vorgegebene Vertrag[15] des zu realisierenden Classifier[16] konkretisiert. Der realisierende Classifier muss den vorgegebenen Vertrag erfüllen und ist damit vom Vertrag des zu realisierenden Classifier abhängig.

Ein einfaches Beispiel für eine Realisierung ist eine Schnittstelle, die den Vertrag, der realisiert werden soll, vorgibt, sowie eine Klasse, welche den von der Schnittstelle vorgegebenen Vertrag realisiert. Dies zeigt die folgende Abbildung:

[15] siehe Kapitel 6.1
[16] zu "Classifier" siehe Begriffsverzeichnis

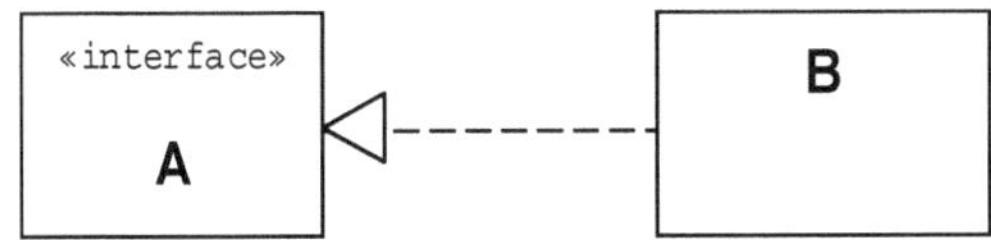

Abbildung 2-5 Ein Beispiel für eine Realisierung

Die Klasse `B` realisiert die Schnittstelle `A`.

Generell gibt bei einer Realisierung der zu realisierende Classifier den Vertrag vor.

Die Implementierung einer Schnittstelle ist stark von der Definition der Schnittstelle abhängig. Bei Änderungen an einer Schnittstelle müssen sogleich Anpassungen an allen Implementierungen vorgenommen werden.

- **Abhängigkeit**

Bei der **Abhängigkeit** eines Elements von einem anderen kann eine Änderung des unabhängigen Elements zu einer Änderung des abhängigen Elements führen. Das abhängige Element ist damit vom unabhängigen Element abhängig.

Hier die Darstellung einer Abhängigkeit:

Abbildung 2-6 Ein Beispiel für eine Abhängigkeit

Diese Abbildung zeigt, dass die Klasse `B` von der Klasse `A` abhängig ist.

2.1.1.1 Programmbeispiel für eine Assoziation

Skizze der Aufgabe

Eine Assoziation lässt sich anhand des folgenden Beispiels über eine Stadt und ihre Bürger erklären. Hierbei lebt jeder Bürger in einer Stadt. In einer Stadt können mehrere Bürger wohnen. Jeder Bürger muss wissen, in welcher Stadt er wohnt, und jede Stadt muss ihre Einwohner kennen. Es handelt sich also um eine **bidirektionale Assoziation**.

Aufgabe im Detail

Ein Bürger kann sich in einer Stadt als Einwohner anmelden. Die neue Stadt übernimmt dabei die Aufgabe, den Bürger von der vorherigen Stadt abzumelden und ihn bei sich zu registrieren. Dazu hat die Stadt eine Methode `einwohnerAbmelden()`[17] der Sichtbarkeit `private` und eine Methode `einwohnerAnmelden()` der Sichtbarkeit `public`. Die neue Stadt ruft dann beim Anmelden die Methode `setBewohnteStadt()` des Bürgers auf. Diese Methode ist `protected` und ist damit nur innerhalb des Package

[17] Nur die neue Stadt darf den Bürger abmelden, der Bürger selber darf das nicht.

`stadtverwaltung`, in welchem sich die Klassen `Buerger` und `Stadt` befinden, zugänglich. Diese Methode kann also nicht von außerhalb des Pakets aus aufgerufen werden. Wäre dies der Fall, so könnten leicht Zustände auftreten, die inkonsistent sind. Beispielsweise könnte ein Bürger eine Referenz auf eine Stadt halten, in der er gar nicht registriert ist.

Programm

Jetzt das Programm:

```
// Datei: Buerger.java

package stadtverwaltung;

public class Buerger
{
   private String name;
   private Stadt bewohnteStadt;

   public Buerger (String name)
   {
      this.name = name;
   }

   public String getName()
   {
      return name;
   }

   public Stadt getBewohnteStadt()
   {
      return bewohnteStadt;
   }

   protected void setBewohnteStadt (Stadt bewohnteStadt)
   {
      this.bewohnteStadt = bewohnteStadt;
   }
}
```

```
// Datei: Stadt.java

package stadtverwaltung;

import java.util.ArrayList;
import java.util.List;

public class Stadt
{
   private String name;
   private List<Buerger> einwohner = new ArrayList<>();

   public Stadt (String name)
   {
      this.name = name;
   }
```

```
   public String getName()
   {
      return name;
   }

   public List<Buerger> getEinwohner()
   {
      return einwohner;
   }

   public void einwohnerAnmelden (Buerger neuerEinwohner)
   {
      if (neuerEinwohner.getBewohnteStadt() != null)
      {
         neuerEinwohner
               .getBewohnteStadt()
               .einwohnerAbmelden (neuerEinwohner);
      }

      neuerEinwohner.setBewohnteStadt (this);
      einwohner.add (neuerEinwohner);
   }

   private void einwohnerAbmelden (Buerger abzumeldendenEinwohner)
   {
      if (einwohner.remove (abzumeldendenEinwohner))
      {
         abzumeldendenEinwohner.setBewohnteStadt (null);
      }
   }

   @Override
   public String toString()
   {
      StringBuilder stringBuilder = new StringBuilder();

      for (Buerger buerger : einwohner)
      {
         if (stringBuilder.length() != 0)
         {
            stringBuilder.append (", ");
         }
         stringBuilder.append (buerger.getName());
      }

      return "Bewohner von " + name + ": " + stringBuilder;
   }
}

// Datei: AssoziationsBeispiel.java

import stadtverwaltung.Buerger;
import stadtverwaltung.Stadt;

public class AssoziationsBeispiel
{
```

```
    public static void main (String[] args)
    {
       Buerger buerger1 = new Buerger ("Max Mueller");
       Buerger buerger2 = new Buerger ("Bernd Walter");
       Buerger buerger3 = new Buerger ("Sarah Maier");
       Buerger buerger4 = new Buerger ("Kim Bauer");

       Stadt stadt1 = new Stadt ("Stuttgart");
       Stadt stadt2 = new Stadt ("Esslingen");

       System.out.println ("Die Buerger melden sich an...");
       stadt1.einwohnerAnmelden (buerger1);
       stadt1.einwohnerAnmelden (buerger2);
       stadt2.einwohnerAnmelden (buerger3);
       stadt2.einwohnerAnmelden (buerger4);
       System.out.println (stadt1);
       System.out.println (stadt2);

       System.out.println ("\nEinige Bewohner ziehen um...");
       stadt2.einwohnerAnmelden (buerger1);
       stadt1.einwohnerAnmelden (buerger3);

       System.out.println (stadt1);
       System.out.println (stadt2);
    }
}
```

Die Ausgabe des Programms ist:

```
Die Buerger melden sich an...
Bewohner von Stuttgart: Max Mueller, Bernd Walter
Bewohner von Esslingen: Sarah Maier, Kim Bauer

Einige Bewohner ziehen um...
Bewohner von Stuttgart: Bernd Walter, Sarah Maier
Bewohner von Esslingen: Kim Bauer, Max Mueller
```

2.1.1.2 Programmbeispiel für eine Komposition

Skizze der Aufgabe

Am Beispiel einer Waschmaschine soll nachfolgend die Komposition erklärt werden. Eine Waschmaschine ist aus verschiedenen Komponenten zusammengeschraubt. Im folgenden Beispiel sollen nur die Komponenten

- Waschtrommel und
- Wasserpumpe

betrachtet werden, die in Java als Elementklassen programmiert werden sollen[18].

Die Waschtrommel und die Wasserpumpe sollen die gleiche Lebensdauer wie die Waschmaschine haben. Damit wird hier eine Komposition betrachtet.

[18] In der Realität kann bei Reparaturen doch das eine oder andere ausgetauscht werden. Die modellierten Klassen lassen einen solchen Austausch aber nicht zu.

Aufgabe im Detail

Die Waschtrommel kann

- starten und
- stoppen.

Die Wasserpumpe kann Wasser

- einlassen bzw.
- abpumpen.

Programm

Hier das Programm:

```
// Datei: Waschmaschine.java

public class Waschmaschine
{
   private Waeschetrommel waeschetrommel = new Waeschetrommel();
   private Wasserpumpe wasserpumpe = new Wasserpumpe();

   private class Waeschetrommel
   {
      public void starten()
      {
         System.out.println ("Die Waeschetrommel beginnt zu" +
                             " schleudern.");
      }

      public void stoppen()
      {
         System.out.println ("Die Waeschetrommel stoppt.");
      }
   }

   private class Wasserpumpe
   {
      public void wasserEinlassen()
      {
         System.out.println ("Wasser wird in die" +
                            " Trommel eingelassen.");
      }

      public void wasserAbpumpen()
      {
         System.out.println ("Wasser wird aus der" +
                            " Trommel abgepumpt.");
      }
   }

   public void waschgangDurchfuehren()
   {
      System.out.println ("Waschgang wird gestartet.");
```

```
         wasserpumpe.wasserEinlassen();
         waeschetrommel.starten();
         waeschetrommel.stoppen();
         wasserpumpe.wasserAbpumpen();
         waeschetrommel.starten();
         waeschetrommel.stoppen();
         System.out.println ("Waschgang wurde durchgefuehrt.");
      }
}
```

```
// Datei: KompositionsBeispiel.java

public class KompositionsBeispiel
{
   public static void main (String[] args)
   {
      Waschmaschine waschmaschine = new Waschmaschine();
      waschmaschine.waschgangDurchfuehren();
   }
}
```

Die Ausgabe des Programms ist:

```
Waschgang wird gestartet.
Wasser wird in die Trommel eingelassen.
Die Waeschetrommel beginnt zu schleudern.
Die Waeschetrommel stoppt.
Wasser wird aus der Trommel abgepumpt.
Die Waeschetrommel beginnt zu schleudern.
Die Waeschetrommel stoppt.
Waschgang wurde durchgefuehrt.
```

2.1.1.3 Programmbeispiel für eine Aggregation

Aufgabe

Zwei Kinder spielen. Das erste Kind hat 3 Murmeln in seinem Murmelbeutel, aggregiert also 3 Murmeln. Das andere Kind hat keine Murmel. Da bekommt es vom ersten Kind eine Murmel geschenkt.

Die referenzierten Objekte (Murmeln) und das referenzierende Objekt (Murmelbeutel) sollen eine verschieden lange Lebensdauer haben. Damit soll in diesem Beispiel eine **Aggregation** betrachtet werden.

Programm

Jetzt das entsprechende Programm:

```
// Datei: Kind.java

import java.util.ArrayList;
import java.util.List;

public class Kind
{
   private List<Murmel> murmelBeutel = new ArrayList<Murmel>();
```

```
   public void erhalteMurmel (Murmel murmel)
   {
      murmelBeutel.add (murmel);
   }

   public void schenkeMurmel (Kind beschenktesKind)
   {
      beschenktesKind.erhalteMurmel (murmelBeutel.remove(0));
   }

   public void murmelnZaehlen()
   {
      System.out.println ("Ich habe " + murmelBeutel.size() +
                          " Murmeln!");
   }

   public void mitMurmelnSpielen()
   {
      for(Murmel murmel : murmelBeutel)
      {
         murmel.mitMurmelSpielen();
      }
   }
}
```

```
// Datei: Murmel.java

public class Murmel
{
   private String farbe;

   public Murmel (String farbe)
   {
      this.farbe = farbe;
   }

   public void mitMurmelSpielen()
   {
      System.out.println ("Die " + farbe + "e Murmel rollt.");
   }
}
```

```
// Datei: AggregationsBeispiel.java

public class AggregationsBeispiel
{
   public static void main (String[] args)
   {
      Kind erstesKind = new Kind();
      erstesKind.erhalteMurmel (new Murmel ("rot"));
      erstesKind.erhalteMurmel (new Murmel ("blau"));
      erstesKind.erhalteMurmel (new Murmel ("gruen"));

      Kind zweitesKind = new Kind();

      System.out.println ("Das erste Kind zaehlt " +
                          "seine Murmeln:");
```

```
        erstesKind.murmelnZaehlen();

        System.out.println ("Das zweite Kind zaehlt " +
                            "seine Murmeln:");
        zweitesKind.murmelnZaehlen();

        System.out.println ("Das erste Kind schenkt dem " +
                            "zweiten Kind eine Murmel.");
        erstesKind.schenkeMurmel (zweitesKind);

        System.out.println ();

        System.out.println ("Das erste Kind spielt:");
        erstesKind.mitMurmelnSpielen();

        System.out.println ();

        System.out.println ("Das zweite Kind spielt:");
        zweitesKind.mitMurmelnSpielen();
    }
}
```

Die Ausgabe des Programms ist:

```
Das erste Kind zaehlt seine Murmeln:
Ich habe 3 Murmeln!
Das zweite Kind zaehlt seine Murmeln:
Ich habe 0 Murmeln!
Das erste Kind schenkt dem zweiten Kind eine Murmel.

Das erste Kind spielt:
Die blaue Murmel rollt.
Die gruene Murmel rollt.

Das zweite Kind spielt:
Die rote Murmel rollt.
```

2.1.1.4 Programmbeispiel für eine Vererbung

Aufgabe

Eine abgeleitete Klasse stellt einen eigenen Typ dar, der dann als **Subtyp** bezeichnet wird, wenn das **liskovsche Substitutionsprinzip** (siehe Kapitel 6.2) und damit der Vertrag (siehe Kapitel 6.1) der Basisklasse eingehalten wird. Dann hat die Interpretation "is a" ihre Berechtigung, da ein Subtyp alles hat (Methoden und Datenfelder), was eine Basisklasse auch hat, und sich die Objekte des Subtyps genau so verhalten wie die Objekte der Basisklasse, wenn die Objekte des Subtyps über Methoden der Basisklasse angesprochen werden. Objekte der abgeleiteten Klasse sind von diesem Subtyp, sind aber gleichzeitig auch vom Typ der Basisklasse, da ein Subtyp alles hat (Methoden und Datenfelder), was eine Basisklasse besitzt. So tritt ein Student nur an der Hochschule als Student auf oder, wenn er als Student etwas billiger bekommt wie beispielsweise eine Fahrkarte. Ansonsten tritt der Student im Alltag als normale Person auf.

Zwischen Basisklasse und abgeleiteter Klasse herrscht wegen dieser "is a"-Beziehung eine starke Abhängigkeit, wenn die Daten und Methoden der Basisklasse in der abgeleiteten Klasse direkt sichtbar sind. Dies gilt für alle jene Elemente, welche nicht als privat in der Basisklasse vereinbart sind bzw. nicht überschrieben werden.

Programm

Das folgende Codestück zeigt die Klassen `Person`, `Student` und `VererbungsBeispiel`:

```
// Datei: Person.java

public class Person
{
   private String name;
   private String vorname;

   public Person (String vorname, String name)
   {
      this.vorname = vorname;
      this.name = name;
   }

   public void gebeDatenAus()
   {
      System.out.print ("\nNachname: " + name);
      System.out.print ("\nVorname: " + vorname);
   }
}

// Datei: Student.java

public class Student extends Person
{
   private String matrikelnummer;

   public Student (String vorname, String nachname,
                   String matrikelNummer)
   {
      super (vorname, nachname);
      this.matrikelnummer = matrikelNummer;
   }

   public void gebeMatrikelnummerAus()
   {
      System.out.print ("\nMatrikelnummer : " + matrikelnummer);
   }
}

// Datei: VererbungsBeispiel.java

public class VererbungsBeispiel
{
   public static void main (String[] args)
   {
      System.out.print ("Erstelle Person");
      Person person = new Person ("Max", "Mustermann");
```

```
      System.out.print ("\nErstelle Student");
      Student student = new Student ("Peter", "Student", "1893");

      System.out.print ("\n\nAusgabe Person");
      person.gebeDatenAus();

      System.out.print ("\n\nAusgabe Student");
      student.gebeDatenAus();
      student.gebeMatrikelnummerAus();
   }
}
```

Die Ausgabe des Programms ist:

```
Erstelle Person
Erstelle Student

Ausgabe Person
Nachname: Mustermann
Vorname: Max

Ausgabe Student
Nachname: Vorzeigestudent
Vorname: Peter
Matrikelnummer : 1893
```

2.1.1.5 Programmbeispiel für eine Realisierung

Aufgabe

Eine Klasse `Punkt` soll die Schnittstelle `IPunkt` **implementieren** bzw. **realisieren**.

Programm

```
// Datei: IPunkt.java

public interface IPunkt
{
   float getX();
   void setX (float x);
   float getY();
   void setY (float y);
}

// Datei: Punkt.java

public class Punkt implements IPunkt
{
   private float x, y;

   @Override
   public float getX()
   {
      return x;
   }
```

```
   @Override
   public void setX (float x)
   {
      this.x = x;
   }

   @Override
   public float getY()
   {
      return y;
   }

   @Override
   public void setY (float y)
   {
      this.y = y;
   }
}
```

```
// Datei: RealisierungsBeispiel.java

public class RealisierungsBeispiel
{
   public static void main (String[] args)
   {
      Punkt p = new Punkt();
      p.setX (3.0f);
      p.setY (4.0f);

      System.out.println ("Die Koordinaten des Punktes p sind:");
      System.out.println ("( " + p.getX() + " / " + p.getY() + " )");
   }
}
```

Die Ausgabe des Programms ist:

```
Die Koordinaten des Punktes p sind:
( 3.0 / 4.0 )
```

2.1.1.6 Programmbeispiel für eine statische Abhängigkeit

Aufgabe

Eine Klasse `PrintServer` soll die Methode `print (Object obj)`, welche der Client anfordert, realisieren:

Programm

```
// Datei: PrintServer.java

public class PrintServer
{
```

```
   public void print (Object obj)
   {
      System.out.println (obj);
   }
}

// Datei: Client.java

public class Client
{
   private float x, y;

   public void useIt (PrintServer ps)
   {
      ps.print("Client benutzt das Objekt:");
      ps.print(ps);
   }
}

// Datei: TestClient.java

public class TestClient
{
   public static void main (String args[])
   {
      PrintServer server = new PrintServer();
      Client client = new Client();
      client.useIt(server);
   }
}
```

Die Ausgabe des Programms ist:

```
Client benutzt das Objekt:
PrintServer@6a6824be
```

2.1.2 Abhängigkeiten zur Laufzeit

Bei Abhängigkeiten zur Laufzeit wird **zur Kompilierzeit eine Abstraktion referenziert (Aggregation). Während der Laufzeit tritt ein die Abstraktion implementierendes Konstrukt an die Stelle der Abstraktion.**

Durch den Ersatz der Abstraktion durch ein konkretes Konstrukt entsteht dynamisch eine sogenannte Abhängigkeit zur Laufzeit. Dabei hat das referenzierende Objekt zu dem referenzierten Objekt eine sogenannte **use-Beziehung** oder **Benutzungsbeziehung**.

Die Klasse eines konkreten Objekts[19], das zur Laufzeit an die Stelle der Abstraktion tritt, muss die **Abstraktion implementieren**.

Ein häufiges Beispiel ist, dass eine Klasse zur Kompilierzeit eine Schnittstelle nur aus Methodenköpfen als Abstraktion aggregiert. An die Stelle der Schnittstelle kann zur Laufzeit jedes Objekt treten, welches den Vertrag der Schnittstelle erfüllt.

Ein vorhandenes Programm mit Schnittstellen kann kompiliert werden. Dennoch kann es unter Umständen nicht lauffähig sein, wenn zur Laufzeit keine Instanzen an die Stelle der Schnittstellen treten.

Das Entwurfsmuster "Dependency Injection" (siehe Kapitel 5.8) verwendet ebenso wie beispielsweise das Strategiemuster (siehe Kapitel 7.2.4) oder das Dekorierermuster (siehe ebenfalls Kapitel 7.2.4) Abhängigkeiten zur Laufzeit.

Auf die Programmbeispiele zur "Dependency Injection" in Kapitel 5.8.4.1 bis 5.8.4.3 wird hingewiesen.

2.1.3 Logische Abhängigkeiten

Logische Abhängigkeiten im Code sind **Annahmen im Code über bestimmte Voraussetzungen**.

Sie sind schwer zu finden und werden meist erst entdeckt, wenn ein Fehler bzw. eine Ausnahme auftritt.

Während statische Abhängigkeiten bereits zur Kompilierzeit bemerkt werden, werden sogenannte **logische Abhängigkeiten erst zur Laufzeit** sichtbar[20], nämlich gerade dann, wenn sie nicht erfüllt sind.

Logische Abhängigkeiten treten immer dann auf, wenn innerhalb von Komponenten Annahmen über ihre Funktionsweise getroffen werden. Beim Erstellen einer Komponente kann es nämlich leicht vorkommen, dass man zu dem Punkt kommt, an dem eine Annahme getroffen oder eine Bedingung erfüllt werden muss. Das kann im Sinne der Abhängigkeit gefährlich sein und zwar insofern, dass wenn eine andere Komponente die Komponente mit der getroffenen Annahme verwendet, diese ebenfalls von der getroffenen Annahme abhängig ist.

---

[19] Ein anderes Beispiel sind Delegates in C#, welche ebenfalls eine Aggregation darstellen. Diese erlauben es, eine Referenz auf eine Methode inklusive dem dazugehörigen Objekt zu speichern. Es tritt hierbei kein Objekt an die Stelle der Abstraktion, sondern eine Referenz auf eine konkrete Methode.

[20] Dies gilt auch für Abhängigkeiten zur Laufzeit.

2.1.3.1 Vermeidung einer logischen Abhängigkeit im Code

Um unabhängig zu bleiben, sollten Annahmen wie beispielsweise über die Darstellung der Daten und dabei deren Formatierung oder Reihenfolge möglichst unterlassen oder beispielsweise in Verträgen formuliert werden.

Verträge werden in Kapitel 6.1 behandelt.

Natürlich lässt es sich nicht immer vermeiden, Annahmen treffen zu müssen. Die Funktionsweise einer Komponente muss deshalb gut durchdacht werden, damit im Laufe der Entwicklung einer Komponente keine falschen Annahmen erfolgen.

Annahmen in Komponenten möglichst zu unterlassen, hört sich leichter an, als getan, denn gerade das Finden einer versteckten Abhängigkeit ist hier die Kunst.

Es kann auch Fälle geben, bei denen die Nichterfüllung der getroffenen Annahmen nicht zwingend zu Fehlern im Programm führen muss, sodass diese versteckten Abhängigkeiten nicht offensichtlich sind.

Um versteckte Abhängigkeiten zu finden, ist das Aufstellen von Verträgen ein möglicher Ansatz. Dadurch wird offensichtlich, wenn Vor- und Nachbedingungen benachbarter Methodenaufrufe nicht zusammenpassen. Das folgende Unterkapitel gibt hierfür ein Beispiel.

2.1.3.2 Konzeptionelles Beispiel für eine logische Abhängigkeit

Ein offensichtliches Beispiel für eine Inkompatibilität einer Nach- und Vorbedingung ist die Formatierung eines Kalenderdatums. Im deutschsprachigen Raum wird das Datum in der Reihenfolge Tag, Monat und Jahr formatiert, wobei ein Punkt als Trennzeichen verwendet wird. Im angloamerikanischen Raum wird das Datum in der Reihenfolge Monat, Tag und Jahr mit einem Schrägstrich als Trennzeichen formatiert.[21] Die folgende Methode soll nun Bestandteil einer Komponente sein:

```
public int getTagDesMonats (Date datum)
{
   SimpleDateFormat formatierer = new SimpleDateFormat();
   String formatiertesDatum = formatierer.format (datum);
   String tagDesMonats = formatiertesDatum.split ("\\.") [0];
   return Integer.parseInt (tagDesMonats);
}
```

Diese Methode funktioniert wie gewünscht auf einem System, dessen Standorteinstellung (engl. locale) auf "deutsch" gesetzt ist.[22] Wird diese Komponente aber auf einem System eingesetzt, bei dem beispielsweise eine amerikanische Standorteinstellung

---

21 In den USA wird in der klassischen Schreibweise, die noch sehr verbreitet ist, der Monat dem Tag vorangestellt nach der Notation MM/TT/JJ(JJ).

22 Die Standorteinstellungen können beispielweise in Java mit Hilfe der Klasse `java.util.Locale` geändert werden.

gewählt wurde, so wird diese Methode nicht mehr funktionieren. Sie wird eine Exception werfen und das Programm wird abstürzen, falls diese Exception nicht behandelt wird.

Betrachtet man die Vor- und Nachbedingungen der Methodenaufrufe `format()` und `split()`, dann stellt man fest, dass beim Aufruf der Methode `split()` ein String erwartet wird, der einen Punkt enthält. Die Nachbedingung der Methode `format()` der Klasse `SimpleDateFormat` spezifiziert jedoch, dass das Ergebnis abhängig von der Standorteinstellung ist. Wie bereits erwähnt, enthält ein Datum im angloamerikanischen Raum keinen Punkt. Folglich ist bei einer solchen Standorteinstellung die Vorbedingung der anschließend aufgerufenen Methode `split()` nicht erfüllt.

2.2 Abschwächung von Abhängigkeiten

In einer Software sind deren Komponenten fast immer voneinander abhängig. Die **Abhängigkeit** zwischen diesen Komponenten wird auch als deren **Kopplung** bezeichnet. Kopplungen erschweren generell eine Änderung oder Erweiterung eines Systems, da, wenn eine Komponente geändert wird, sofort infolge der Kopplungen Folgeänderungen anstehen. Ebenso sind Komponenten, die stark gekoppelt sind, in anderen Systemen schwer wiederverwendbar.

Wären die Komponenten eines Systems fast unabhängig voneinander, könnten Systeme weitaus effizienter entworfen werden, da man nicht auf so vieles Rücksicht nehmen müsste. Leider sind die Teile einer entworfenen Software heutzutage jedoch oft enger gekoppelt, als man es eigentlich beabsichtigt hat.

Einen ersten Eindruck der wechselseitigen Kopplungen der Komponenten eines Systems kann man sich dadurch beschaffen, indem man einzelne Klassen isoliert betrachtet, das heißt, man versucht, sie aus ihrer natürlichen Umgebung "herauszuschälen". In der Regel erkennt man sofort, dass die "herauszuschälende" Klasse ohne ihre Umgebung gar nicht mehr kompiliert werden kann, da es Abhängigkeiten zu anderen Klassen und Funktionen gibt. Kopiert man dann alle für ein Kompilieren der herausgelösten Klasse erforderlichen anderen Klassen zu der betrachteten Klasse, so kann es sein, dass man bereits einen großen Teil des Quellcodes importiert hat. Das bedeutet wiederum, dass eine starke Kopplung herrscht und dass Änderungen einer Klasse Auswirkungen auf das Gesamtsystem haben können.

Eine starke Kopplung von Komponenten ist ein schlechtes Verhalten und führt zu einer Inflexibilität, sodass der Aufwand für die erforderlichen Änderungen der Software oft nicht kalkulierbar ist und somit Änderungen gar nicht praktikabel sind. In der Softwaretechnik können sich die Anforderungen an eine Software oftmals schnell ändern. Deshalb ist es sehr von Nachteil, auf notwendige Änderungen nicht unmittelbar reagieren zu können. Aus diesem Grunde versucht man, Abhängigkeiten abzuschwächen, um die Software flexibler und damit leichter **wandelbar** (**evolvierbar**) zu machen.

Leider gibt es keine einzige Lösung, mit deren Hilfe Abhängigkeiten vollständig eliminiert werden könnten.[23]

[23] Wenn die Kopplung zwischen Teilsystemen vollkommen entfallen würde, könnten diese Teilsysteme natürlich nicht mehr zusammenarbeiten.

Es muss je nach der vorliegenden Situation beurteilt werden, welche Lösung oder welcher Ansatz nützlich sein könnte, um Abhängigkeiten abzuschwächen. Im Folgenden sollen verschiedene Ansätze zur Abschwächung von Abhängigkeiten diskutiert werden. Hierzu gehört die Verwendung

- von Entwurfsprinzipien,
- von Mustern wie dem Schichtenmodell (siehe Kapitel 2.2.2) oder
- der Konzepte "Dependency Lookup" (siehe Kapitel 2.2.3) bzw. "Dependency Injection" (siehe Kapitel 2.2.4) für die Abschwächung von Abhängigkeiten beim Erzeugen von Objekten.

2.2.1 Entwurfsprinzipien

Das Ziel der meisten Entwurfsprinzipien ist es, starke wechselseitige Abhängigkeiten der Komponenten eines Systems von vornherein zu vermeiden. Entwurfsprinzipien sind der Inhalt dieses Buchs.

2.2.2 Verwendung von Entwurfs- und Architekturmustern

Entwurfs- und Architekturmuster zielen oft darauf ab, Abhängigkeiten zu vermeiden.[24] Ein Beispiel hierfür ist das Architekturmuster "Layers". Das Architekturmuster "Layers" führt zur Bildung von Schichten unter Beseitigung von Abhängigkeiten.

Die Bildung von Schichten gemäß eines Schichtenmodells dient zur Strukturierung eines Systems in Teilsysteme in der Weise, dass eine tiefere Schicht von den höheren Schichten unabhängig ist.

Die folgende Abbildung zeigt die prinzipielle Struktur:

Abbildung 2-7 Beispiel für ein Schichtenmodell

Dabei bietet eine tiefere Schicht der höheren Schicht Dienste über Schnittstellen an. Damit ist die höhere Schicht nur von den Schnittstellen der tieferen Schicht, aber nicht von deren Realisierung abhängig.

Das Schichtenmodell sowie weitere Architektur- und Entwurfsmuster werden beispielsweise in [Gol14] ausführlich betrachtet.

24 Für die Entwurfsmuster von Gamma et al. [Gam94] ist dies ein Ziel.

2.2.3 Dependency Lookup

Bei dem Konzept "Dependency Lookup" sucht ein Objekt, das ein anderes Objekt braucht, nach diesem anderen Objekt z. B. in einem Register, um die Verknüpfung mit dem benötigten Objekt herzustellen.

Bei "Dependency Lookup" muss ein Objekt, das ein weiteres Objekt benötigt, die **Abstraktion der Klasse des benötigten Objekts** kennen und den durch die Abstraktion vorgegebenen Vertrag[25] einhalten, um die Methoden des gesuchten Objekts aufrufen zu können.

Ein suchendes Objekt muss aber nicht mehr die konkrete Klasse des von ihm benötigten Objekts kennen. Zur Suche braucht das suchende Objekt einen **Schlüssel** wie den Namen des gesuchten Objekts. Beim Suchen ist damit das suchende Objekt von dem anderen Objekt weitgehend entkoppelt. Das suchende Objekt ist aber ferner auch vom Register abhängig, da es von diesem seine benötigten Objekte bezieht.

Das Konzept "Dependency Lookup" wird detailliert in Kapitel 5.8.3 besprochen.

2.2.4 Dependency Injection

Die Erzeugung von Objekten und die Zuordnung von Abhängigkeiten zwischen Objekten wird an eine dafür vorgesehene Instanz, den **Injektor**, delegiert. Damit wird die Abhängigkeit zwischen nutzendem und benötigtem Objekt stark abgeschwächt, aber nicht vollständig aufgelöst. Der Injektor dagegen muss alle beteiligten Objekte und deren Verknüpfungen kennen und ist damit von diesen abhängig, während die beteiligten Objekte vom Injektor unabhängig sind. Der Injektor kann hierbei die Informationen aus einer Konfigurationsdatei lesen und sogenannte Fabriken (siehe beispielsweise [Gol14]) benutzen, sodass die genannten Abhängigkeiten noch weiter abgeschwächt werden können.

Zur Kompilierzeit kennt ein Objekt einer nutzenden Klasse statt der konkreten Klasse nur eine **Abstraktion der Klasse des von ihm benötigten Objekts**. Der Vertrag dieser Abstraktion muss vom Objekt der nutzenden Klasse eingehalten werden, damit das Objekt, welches der Injektor zur Laufzeit an die Stelle der Abstraktion setzt, vom nutzenden Objekt verwendet werden kann.

Das Konzept "Dependency Injection" wird detailliert in Kapitel 5.8.4 besprochen.

2.3 Zusammenfassung

Nach der Diskussion der Entstehung von statischen Abhängigkeiten, von Abhängigkeiten zur Laufzeit und von logischen Abhängigkeiten in Kapitel **2.1** befasst sich Kapitel **2.2** mit der Abschwächung von Abhängigkeiten durch den Einsatz von Entwurfsprinzipien, von Architektur- und Entwurfsmustern sowie durch die Konzepte "Dependency Lookup" und "Dependency Injection".

---

[25] siehe Kapitel 6.1

Kapitel 3

Entwurfsprinzipien zur modularen Struktur von Systemen

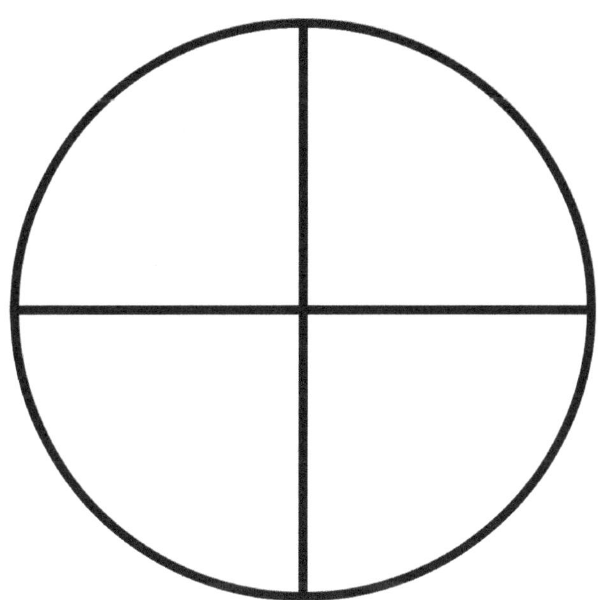

J. Goll, *Entwurfsprinzipien und Konstruktionskonzepte der Softwaretechnik*,
https://doi.org/10.1007/978-3-658-25975-4_3

3 Entwurfsprinzipien zur modularen Struktur von Systemen

Die Prinzipien dieses Kapitels betrachten ganze Systeme und dienen dazu, komplexe Systeme beherrschbar zu machen.

Das Prinzip **"Teile und Herrsche"** (siehe Kapitel 3.1) ist ein wichtiges Grundprinzip der Informatik, welches dann angewandt wird, wenn die **Komplexität** des betrachteten Systems zu hoch ist. Nach diesem Prinzip wird ein System in beherrschbare Abstraktionen als Systemteile aufgeteilt.

Das Prinzip **"Design to Test"** (siehe Kapitel 3.2) betont die hohe Bedeutung einer **einfach zu testenden Systemarchitektur**. Das betrachtete System muss aus Aufwandsgründen auf leichte Weise getestet werden können! Ist die gefundene Architektur nicht leicht zu testen, weil sie zu komplex ist bzw. zu viele Abhängigkeiten bestehen, so wird sie verworfen. Es sollte **komponentenweise** getestet werden können.

3.1 Teile und Herrsche

Das Prinzip **"Teile und Herrsche"** (engl. **"divide and conquer"**, lat. **"divide et impera"**) wird in der Informatik auf vielen Gebieten eingesetzt. Dieses Prinzip ist im Problembereich, im Lösungsbereich und beim Testen zu finden. Nach diesem Prinzip kann man beispielsweise Algorithmen entwerfen oder ein Programm in Prozeduren, Funktionen, Objekte oder Module als kleinere Einheiten einteilen, die getrennt für sich einer Lösung zugeführt werden können.

Die Methode der schrittweisen Verfeinerung (engl. stepwise refinement) von Wirth (1971) bei der Programmerstellung beruht auf dieser Entwurfsstrategie [Wir71].

Die folgende Abbildung symbolisiert die rekursive Zerlegung eines Problems in Teilprobleme:

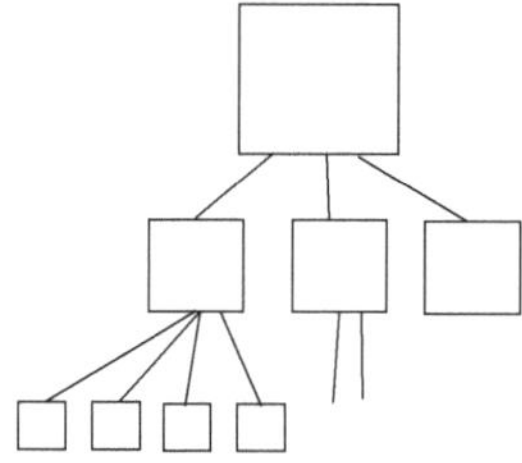

Abbildung 3-1 Rekursive Zerlegung eines Problems in Teilprobleme

3.1.1 Ziel

Nach dem Prinzip "Teile und Herrsche" soll generell ein schwer beherrschbares, komplexes Problem "top-down" in kleinere, möglichst unabhängige **Teilprobleme** zerlegt werden, die dann besser verständlich sind und einfacher gelöst werden können.

Durch Zusammensetzen der Teillösungen ergibt sich dann die Lösung des Gesamtproblems. Die Zerlegung kann rekursiv wiederholt werden, bis ein Teilproblem so klein ist, dass es gelöst werden kann.

3.1.2 Bewertung

Die folgenden **Vorteile** von "Teile und Herrsche" werden gesehen:

- **Brechen der Komplexität**

  Eine Zerlegung bricht die ursprünglich zu hohe Komplexität des Problems.

- **geringe Komplexität auf der terminalen Ebene**

  Auf der terminalen Ebene der Zerlegung wird nur ein Problem relativ geringer Komplexität gelöst.

- **atomare Bausteine**

  Die gefundene Lösung wird als atomarer Baustein für die Lösung des übergeordneten Problems verwendet.

Der folgende **Nachteil** wird gesehen:

- **"Top-Down"-Zerlegung passt nicht immer**

  "Teile und Herrsche" bzw. "stepwise refinement" ist eine "Top-Down"-Vorgehensweise. Das kann problematisch sein, wenn eine mittlere Ebene, beispielsweise eine Bibliothek, vorgegeben ist: Dann muss die Zerlegung so erfolgen, dass man diese Ebene auch "trifft". Um das Ziel (die zu treffende Ebene) nicht aus den Augen zu verlieren, geht man häufig gemischt vor: "bottom-up" und "top-down".

  Bei **"middle-out"** beginnt man in der Mitte einer Hierarchie und bewegt sich nach oben und nach unten. Bei **"middle-in"** stößt man von oben und von unten zur Mitte vor. Prinzipiell braucht man Stubs und Mocks bei "middle-in" und bei "middle-out", um die bereits entwickelten Module zu einem lauffähigen System zu integrieren. Eine allgemeingültige Reihenfolge bei der Integration kann in diesem Falle nicht angegeben werden, weil sie stark von der Vorgehensweise bei der Entwicklung abhängt.

3.2 Design to Test

Oftmals bestimmen Performance-Gesichtspunkte in hohem Maße den Entwurf eines Produktes. Dies bedeutet in der Regel, dass dann die Gesichtspunkte der Testbarkeit zu kurz kommen. Dies hat zur Konsequenz, dass sich im Nachhinein der Gesamttest des Systems nicht in dem gewünschten Grade automatisieren lässt. Hohe Kosten für den Gesamtsystemtest sowohl bei der Integration des Systems als auch bei Weiterentwicklungen oder der Beseitigung von Fehlern in der Wartung sind die Folge. Damit wird eine oft enorme Verteuerung nicht nur der Entwicklung, sondern insbesondere auch der Wartung hervorgerufen. Ein Gesamtsystemtest ist leichter, wenn **komponentenweise** getestet werden kann, da die Komplexität dann geringer ist ("divide et impera" beim Testen).

3.2.1 Ziel

Nach dem Prinzip "Design to Test" soll eine Architektur so entworfen werden, dass sie **komponentenweise** leicht zu testen ist. Sollte dies wider Erwarten nicht der Fall sein, so ist die gefundene Architektur zu verwerfen und eine gut testbare Architektur zu entwickeln.

3.2.2 Bewertung

Das Prinzip "Design to Test" hat die folgenden **Vorteile**:

- **unabhängig testbare Komponenten**

  Es wird auf unabhängig testbare Komponenten geachtet.

- **Automatisierung der Tests**

  Unabhängig testbare Komponenten erlauben eine Automatisierung der Tests.

- **Verringerung der Kosten für das Testen**

  Die bessere Testbarkeit der Teile verringert die Kosten für das Testen.

Der folgende **Nachteil** wird gesehen:

- **ggf. Erhöhung der Kosten für den Entwurf**

  Stellt man erst nach dem Entwurf fest, dass eine Architektur schlecht testbar ist, steigen die Entwicklungskosten durch einen Neuentwurf stark an. Aus diesem Grund sollte während des gesamten Entwicklungsprozesses die Testbarkeit im Vordergrund stehen, sodass ggf. nur wenige Entscheidungen mit geringer Auswirkung auf die Architektur rückgängig gemacht werden müssen.

3.3 Zusammenfassung

Das Prinzip "Teile und Herrsche" in Kapitel **3.1** bedeutet, dass ein großes, nicht direkt lösbares Problem so lange in kleine Probleme aufgeteilt wird, bis das entsprechende Teilproblem gelöst werden kann. Die gefundenen Teillösungen sind Bausteine der Gesamtlösung.

Das Prinzip "Design to Test" in Kapitel **3.2** fordert, dass eine Systemarchitektur in einfacher Weise in Komponententests überprüft werden kann.

Kapitel 4

Entwurfsprinzipien zur Reduktion der Komplexität

J. Goll, *Entwurfsprinzipien und Konstruktionskonzepte der Softwaretechnik*,
https://doi.org/10.1007/978-3-658-25975-4_4

4 Entwurfsprinzipien zur Reduktion der Komplexität

Die Prinzipien "**Keep it simple, stupid**" (**KISS**), "**You aren't gonna need it**" (**YAGNI**[26]) und "**Don't Repeat Yourself**" (**DRY**) einzuhalten, bedeutet, gewisse Dinge zu vermeiden und dabei die **Zahl der Bauteile eines Systems** zu **verringern**. Das Prinzip **"Single Level of Abstraction"** (**SLA**) will nicht die Zahl der Bauteile eines Systems beschränken, sondern bezieht sich auf die Ordnung des Quellcodes durch Methoden, um die Komplexität des Quellcodes zu verringern und damit die Verständlichkeit zu erhöhen. Alle Anweisungen einer Methode sollen dasselbe Abstraktionsniveau aufweisen.

Kapitel 4.1 erörtert das Prinzip **KISS**, das sich dafür ausspricht, **Systeme** generell so **einfach** wie möglich zu bauen und Komplexitäten zu vermeiden.

Komplexe Systeme erschweren ihr Verständnis. Auch ihre Wartung wird erschwert. Deshalb fordert KISS möglichst einfache Systeme.

Das "Agilistenprinzip" **YAGNI** (siehe Kapitel 4.2) empfiehlt, nur das zu bauen, was der Kunde explizit fordert.[27]

YAGNI schlägt vor, dass **die Entwickler "spekulative" Funktionen weglassen**. Eine notwendige Infrastruktur darf dennoch nicht außer Acht gelassen werden.

Das Prinzip **DRY** (siehe Kapitel 4.3) spricht sich wegen der Fehleranfälligkeit von Aktualisierungen generell **gegen Replikate** aus.

Fehleranfällige Stellen, nämlich Replikate, die man bei einer Aktualisierung leicht vergessen könnte, sind nach DRY zu vermeiden.

Das Prinzip **SLA** (siehe Kapitel 4.4) will ein Programm in Methoden verschiedener Abstraktionsniveaus einteilen, wobei **alle Anweisungen einer Methode dasselbe Abstraktionsniveau** besitzen sollen.

4.1 Keep it simple, stupid

KISS ist eine Abkürzung für **"Keep it simple, stupid"**.

4.1.1 Historie

Der Name für dieses Prinzip wird Kelly Johnson, einem Ingenieur bei Lockheed, im Jahre 1960 zugeschrieben. In der Ursprungsform von Johnson wurde auf das Komma verzichtet: "Keep it simple stupid".

[26] Man findet in der Literatur auch die Schreibweise "Yagni".
[27] Das wird auch als "No Gold Plating" bezeichnet.

4.1.2 Ziel

Das Prinzip **KISS** bedeutet, dass **Systeme möglichst einfach** und nicht komplex sein sollen.

Dieses Prinzip hört sich einfach an, ist aber wirkungsvoll. Generell gilt, dass es in einem komplexen System sehr schwierig sein kann, nachträglich Änderungen und Erweiterungen durchzuführen, ohne die Stabilität des Systems zu gefährden.

4.1.3 Bewertung

KISS fordert Einfachheit. Dieses Prinzip sollte beherzigt werden, auch wenn seine Umsetzung nicht immer einfach ist.

Prinzipiell ist es leichter, beim Bau eines Systems eine komplexe Systemarchitektur zu finden als eine besonders einfache.

Vorteile von KISS sind:

- **einfachere Konstruktion des Systems**

  Einfache Systeme sind leichter zu verstehen, zu bauen, zu testen, zu ändern und zu warten als komplexe Systeme.[28]

- **weniger Fehler, da weniger Komponenten**

  Je weniger Teile ein System besitzt, umso weniger Teile können Fehler aufweisen.

- **weniger Abhängigkeiten**

  Je weniger Komponenten ein System hat, umso weniger Abhängigkeiten kann es zwischen dessen Komponenten geben.

- **Konzentration von Funktionen auf weniger Komponenten**

  Es besteht weniger Gelegenheit, einzelne Funktionen über mehrere Komponenten zu "verschmieren", da es weniger Komponenten gibt.

Es sollen einfache Systeme gebaut werden, aber keinesfalls monolithische Systeme.

Vorsicht!

Der **Nachteil** von KISS ist:

[28] Was Einfachheit bedeutet, ist nicht absolut, sondern ist stets relativ zu den jeweiligen Umständen zu sehen. Bei einer Software für eine Mars-Mission ist "Einfachheit" sicher etwas ganz anderes als bei einem "Hello World"-Programm. Dennoch kann man versuchen, für beide Programme jeweils die einfachste Lösung zu finden.

- **Der Entwurf ist schwieriger**

  Einfache Systeme sind meist schwieriger zu entwerfen.

4.2 You aren't gonna need it

YAGNI ist eine Abkürzung, welche für **"You aren't gonna need it"**[29] – auf Deutsch: **"Du wirst es nicht brauchen"** – steht.

4.2.1 Historie

YAGNI ist eine Regel des "Extreme Programming". YAGNI wird im Umfeld agiler Ansätze gerne verwendet und kann auf Ron Jeffries et al. aus dem Jahre 2000 [Jef00, p. 190] zurückgeführt werden.

4.2.2 Ziel

YAGNI fordert:

- Ein **Over-Engineering**[30] und
- **spekulative**, vom Kunden **nicht geforderte Funktionen** – dabei insbesondere eine **spekulative Generalisierung** –

sollten **durch die Entwickler vermieden** werden.

Generalisierung bedeutet, Abstraktionen einzuführen, die auch in der Zukunft für weitere konkrete Fälle genutzt werden können.

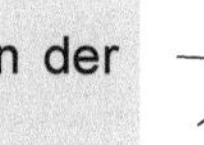

Abstraktionen können oftmals durch das Typsystem der jeweiligen Sprache wie im Falle abstrakter Klassen oder durch Templates in C++ bzw. Generics in Java umgesetzt werden. Eine Generalisierung kann beispielsweise aber auch die Realisierung weiterer Methoden bedeuten, um zu erwartende, weitere Fälle abzudecken. Oftmals sind Generalisierungen durch die Entwickler aber zu voreilig, da sie später überhaupt nicht benötigt werden. Dies wird als **"Premature Generalization"** bezeichnet. Solche unnötigen Generalisierungen verzögern das ursprüngliche Projekt, erschweren die Ausbaubarkeit und kosten Geld. Auch Generalisierungen müssen vom Kunden gefordert werden. Es ist sinnvoll, vom Kunden nicht explizit geforderte Funktionen und Generalisierungen wegzulassen, falls diese nicht die benötigte Infrastruktur oder anerkannte Qualitätsziele wie Erweiter- und Änderbarkeit betreffen.

Martin Fowler [Fow15] sagt Folgendes:

---

[29] auch "You ain't gonna need it" oder "You aren't going to need it" genannt

[30] Man spricht von Over-Engineering, wenn ein Produkt in höherer Qualität oder mit mehr Aufwand erstellt wird, als es der Kunde wünscht. Dabei wird oft die Zahlungsbereitschaft des Kunden überschritten.

"Yagni is not a justification for neglecting the health of your code base. Yagni requires (and enables) malleable[31] code."

Auch bei Anwendung von YAGNI braucht der Code eine gesunde Basis. YAGNI fordert und fördert einen flexibel änderbaren und erweiterbaren Code.

Diese Vorgehensweise steht im Gegensatz dazu, generalisierte Änderungen in vorauseilendem Gehorsam durch die Entwickler selbst von Anfang an einzuplanen, da eine spätere Generalisierung mehr Aufwand erfordern würde. Bei einem solchen Vorgehen stellt sich oftmals heraus, dass eine durch die Entwickler eigenständig vorgenommene Generalisierung vom Kunden später gar nicht gewünscht wird und dass sich der Kunde im Laufe der Zeit ganz andere Forderungen ausdenkt. Üblicherweise bezahlt ein Kunde nur das, was er sich wünscht. Dies bedeutet aber nicht, dass man mit YAGNI keine änderungsfreundlichen Lösungen im Auge hat. Ganz im Gegenteil! Es ist bekannt, dass sich die Anforderungen an ein Softwaresystem rasch ändern können.

Geänderte Anforderungen an ein Softwaresystem lassen sich in der Regel in einer **einfachen Codestruktur** leichter umsetzen als in einer komplexen, generalisierten Codestruktur.

Bei einem Refactoring sind durchaus Generalisierungen möglich, beispielsweise wenn durch die Zusammenführung mehrerer Module zu einem Template der Code vereinfacht wird.

Generalisierter Code wird besonders gerne dann geschrieben, wenn die Anforderungen des Kunden nicht genau genug sind, der Entwickler diese Ungenauigkeit fälschlicherweise akzeptiert und durch eine generalisierte Lösung zu kompensieren versucht.

Wenn generalisierte Features[32] durch die Entwickler in die Software eingebaut werden sollen, so muss der Kunde diese Features explizit wünschen und sie auch bezahlen.

Bezahlt der Kunde eine Leistung, dann ist sie ihm auch etwas wert! Entwickler sollen nicht stillschweigend in ihrem eigenen Sinn handeln und die Kundenwünsche neu interpretieren. Unklare Anforderungen müssen geklärt oder abgelehnt werden.

Ein Entwickler sollte nur **klare Forderungen** implementieren. Er darf ein bestimmtes Programmstück erst dann entwickeln, wenn es auch tatsächlich vom Kunden gefordert wird.

Das Prinzip YAGNI klingt einfach, wird in der Praxis jedoch oft verletzt. Nicht geforderte Funktionalität wird nicht nur vom Kunden nicht entlohnt, sondern sie erhöht oftmals auch

---

31 dt. "formbar" im Sinne einer Veränderung

32 Ein Feature ist eine kleine, nützliche Funktion für den Kunden.

die Komplexität der Software. Dies gilt insbesondere dann, wenn unnötige Generalisierungen eingeführt werden.

4.2.3 Bewertung

Vorteile von YAGNI sind:

- **Weiterentwickelbarkeit**

  Der Code wird im Idealfall so schlank wie möglich und weniger kompliziert. Die Weiterentwicklung des Codes wird so nicht durch überflüssige Funktionalität behindert. Damit ist der Code leichter zu ändern und ist besser wartbar.

- **kein Schneeballeffekt nicht geforderter Funktionen**

  Es kommt nicht zu einem Schneeballeffekt der Entwicklung nicht geforderter Features, bei dem nicht geforderte Features weitere nicht geforderte Features nach sich ziehen können.

- **Vermeiden unnötiger Einschränkungen**

  Unnötige Einschränkungen durch einen spekulativen, generalisierten Code treten nicht auf.

- **mehr Zeit**

  Es steht mehr Zeit für die Umsetzung der geforderten Funktionalitäten zur Verfügung. Da jede zusätzliche Entwicklung Zeit für die Analyse, den Entwurf, die Programmierung, die Dokumentation, das Testen und den Support erfordert, spart man sich diesen unnötigen Aufwand, den der Kunde letztendlich nicht sieht und auch nicht bezahlt.

- **Vermeiden schwieriger Tests**

  Nicht geforderte Funktionalitäten sind schwer zu testen, da für diese auch keine Spezifikation vorliegt. Die verringerte Testbarkeit schlägt sich oft in einer erhöhten Fehlerzahl in diesen Funktionen nieder.

Der **Nachteil** einer **verkehrten Anwendung** von YAGNI ist[33]:

- **Fokussierung nur auf Anwendungsfunktionen und damit auf eine fehlende Weiterentwickelbarkeit des Systems**

  Für den Kunden ist die Infrastruktur des Systems hinter den Anwendungsfunktionen nicht sichtbar. Aber auch die Infrastruktur muss wegen der Weiterentwickelbarkeit gebührend – aber nicht übertrieben – berücksichtigt werden.

4.3 Don't repeat yourself

Die Abkürzung **DRY** bedeutet **"Don't repeat yourself"**.

---

[33] siehe [Mey14, p. 69]

4.3.1 Historie

Das Prinzip DRY wurde von Dave Thomas und Andy Hunt in ihrem Buch "Der pragmatische Programmierer" aus dem Jahre 2003 formuliert [Tho03]. Es ist kein neues Prinzip, aber das Wortspiel "DRY" als Abkürzung für "Don't Repeat Yourself" ist ein sehr "griffiges" Akronym. Dieses Prinzip wurde 1997 durch Kent Beck als **"Once and only once"** [Bec97] bezeichnet. Früher war es als **Single-Source-Prinzip** bekannt.

4.3.2 Ziel

Das Prinzip **DRY** fordert, dass **nichts gedoppelt** werden darf wegen der Gefahr, eine Kopie bei einer Änderung zu vergessen.

Es geht darum, Fehler bei Änderungen zu vermeiden. Es sollte nichts mehrfach abgelegt werden, da man eines der **Replikate** beim Aktualisieren vergessen könnte. Alle replizierten Stellen sollen identisch sein, ansonsten entstehen inkonsistente Informationen und damit Fehler.

Kommentar des Autors:

Die Korrektheit einer Implementierung erfordert, dass alle redundanten Stellen identisch sind. Damit hängt eine redundante Stelle von allen anderen redundanten Stellen ab.[34]

Das Prinzip DRY betrifft **jegliche Art von Informationen** wie etwa Dokumentationen, Datenbankschemata, Build-Skripte oder Quellcode.

Das DRY-Prinzip gilt nicht nur für die Programmierung. Das DRY-Prinzip verlangt, dass jegliche Art an Information in einem Projekt genau ein einziges Mal (engl. single source) vorkommt.

4.3.3 Umsetzbarkeit

Die Sicht von DRY, jegliche Information nur ein einziges Mal zu führen, gilt aber nicht für fehlertolerante Systeme. **Fehlertolerante Systeme** basieren prinzipiell auf **Redundanzen**.

Redundanzen können auch zur **Steigerung der Performance** eingesetzt werden.

[34] Typisch für eine Abhängigkeit ist, dass ein Abhängiger auch geändert werden muss, wenn derjenige geändert wird, von dem er abhängt.

Bei Einhaltung des DRY-Prinzips können Änderungen nur an der einzigen Stelle des Vorkommens einer Information erfolgen, was das Pflegen dieser Information deutlich vereinfacht. Andere Stellen sind dabei nicht von der Änderung betroffen. Damit werden Abhängigkeiten reduziert und **Aktualisierungsprobleme vermieden**. Eine Replikation von Code kann beispielsweise durch das Auslagern in eine mehrfach verwendbare Methode vermieden werden. Redundanzen in den Datensätzen können durch die Normalisierung einer relationalen Datenbank beseitigt werden.

4.3.4 Ursachen von Redundanzen

Ein Programmierer kann Redundanzen

- voll bewusst wie beispielsweise bei fehlertoleranten Systemen oder bei Performance-Problemen,
- aus Unkenntnis des DRY-Prinzips,
- aus Unachtsamkeit oder
- aus Zeitdruck

generieren.

Wenn sich die verschiedenen Teammitglieder nicht perfekt abstimmen, können ebenfalls leicht Redundanzen entstehen.

4.3.5 Behandlung von Redundanzen

Nichts ist einfacher, als Textstücke wie Quellcode durch Kopieren und Einfügen zu wiederholen. Es ist auch nicht in allen Fällen möglich, Replikationen zu vermeiden. So steht beispielsweise im Prototyp eines C-Programms zur Schnittstellenprüfung eine redundante Information zur eigentlichen Funktion (Funktionsname, Rückgabetyp, Typen der Übergabeparameter).

Schreibt man Prototyp und Funktion von Hand, so ist in diesem Falle tröstlich, dass eventuelle Abweichungen beim Kompilieren oder Linken durch eine Fehlermeldung angezeigt werden.

Braucht man tatsächlich redundante Informationen, so sollten diese am besten automatisch aus einer einzigen Quelle erzeugt werden.

4.3.6 Bewertung

Das Prinzip DRY sollte nur in begründeten Ausnahmefällen verletzt werden.

Vorteile durch die Anwendung von DRY sind:

- **Vermeiden von Update-Fehlern**

  Die Entstehung von Fehlern infolge von Update-Problemen wird vermieden. Die Wahrscheinlichkeit des Auftretens von Fehlern durch Inkonsistenzen wird verringert. Die Informationen sind einfacher zu pflegen.

- **Abschwächung von Abhängigkeiten**

  Abhängigkeiten der Replikate untereinander werden verhindert.

- **bessere Lesbarkeit**

  Da weniger Code geschrieben wird, trägt DRY zur besseren Lesbarkeit von Programmen bei.

- **Vermeiden mehrfacher Tests derselben Logik**

  Im Falle von Code muss ein und dieselbe Logik nicht mehrfach getestet werden.

Ein **Nachteil** bei der Anwendung von DRY kann entstehen durch

- **erforderliche, aber nicht vorhandene Redundanzen**

  Das DRY-Prinzip kann missbräuchlich als Argument angeführt werden, keine Redundanzen in einem System einzuführen, obwohl diese beispielsweise aus Performance-Gründen oder aus Gründen der Fehlertoleranz ihre Berechtigung hätten.

4.4 Single Level of Abstraction

Um die Verständlichkeit eines Programms zu erhöhen und die Komplexität zu verringern, soll der Programmierer nach dem **"Single Level of Abstraction Principle"**[35], abgekürzt als **SLA**, sein Programm in **Methoden verschiedener Abstraktionsniveaus** einteilen. Alle Anweisungen einer Methode sollen dasselbe Abstraktionsniveau aufweisen.

Ein Programm hat verschiedene Abstraktionsstufen, beispielsweise

- die Ebene der Klassen,
- die Ebene der öffentlichen Methoden oder
- die Ebene der Servicemethoden.

Die Zuweisung eines Wertes an eine Variable steht in der Regel auf einer niedrigeren Abstraktionsebene als beispielsweise ein Methodenaufruf, da sich hinter einem Methodenaufruf viel Logik befinden kann. Doch auch zwei verschiedene Methodenaufrufe können auf zwei unterschiedlichen Abstraktionsebenen stehen. So steht beispielsweise eine get-Methode auf einer niedrigeren Ebene als eine Methode, die einer komplexen User Story[36] entspricht.

---

35 auch bekannt als "One Level of Abstraction per Function"

36 Eine User Story ist eine semiformal formulierte Anforderung des Kunden.

Anweisungen, deren Abstraktionsniveau von dem der anderen Anweisungen innerhalb einer Methode abweichen, sollten in eine eigene Methode ausgelagert werden.

Bei Verwendung des Prinzips "Single Level of Abstraction" hat ein Leser des Programms je nach Interesse die Möglichkeit, Details oder Wesentliches zu betrachten.

Für das Verständnis des Codes auf dem höheren Abstraktionsniveau ist es in der Regel ausreichend, wenn der Name einer Methode aus Anweisungen eines niederen Niveaus expressiv gewählt wird, da auf der höheren Ebene die Details der niederen Ebene in der Regel überhaupt nicht interessieren. Ein Entwickler möchte beim Lesen einer Methode nämlich oft nur wissen, was in dieser Methode getan wird, und nicht, wie es getan wird.

4.4.1 Historie

Das Prinzip "Single Level of Abstraction" wurde das erste Mal von Robert C. Martin in seinem Buch zu Clean Code [Mar08] unter dem Namen "One Level of Abstraction per Function" erwähnt. Die Bezeichnung "Single Level of Abstraction Principle" stammt aus dem Buch "The Productive Programmer" von Neil Ford [For08].

4.4.2 Ziele

Zwischen den verschiedenen Abstraktionsniveaus eines Codes zu wechseln, macht das Verstehen eines solchen Codes schwierig. Ein Ziel von "Single Level of Abstraction" ist es deshalb, zu vermeiden, dass man beim Lesen eines Programms zuallererst im Kopf die Anweisungen des Programms gruppieren muss, um für jede Gruppe dasselbe Abstraktionsniveau der Anweisungen zu erhalten. Ferner soll durch das Ausweisen getrennter Methoden für die verschiedenen Abstraktionsniveaus der Code besser strukturiert werden.

4.4.3 Bewertung

Der **Vorteil** von SLA ist:

- **Erhöhung der Verständlichkeit von Quellcode**

  Das Prinzip "Single Level of Abstraction" hilft, den Code besser zu strukturieren und damit die Verständlichkeit zu erhöhen. So wird dem Entwickler geholfen, wichtige Konzepte von unwichtigen Details zu trennen. Zusätzlich erhält der Entwickler einen schnelleren Überblick über das Programm, wenn er ggf. nicht bis zur tiefsten Abstraktionsebene vordringen muss, sondern nur die höheren Abstraktionsebenen betrachtet.

Der **Nachteil** von SLA ist:

- **höherer Aufwand bei Namenswahl erforderlich**

  Wenn der Code auf zu vielen Ebenen verteilt ist, leidet die Verständlichkeit darunter, da der Entwickler eventuell ein "Inlining" im Kopf betreiben muss, es sei denn, der Name einer Methode ist expressiv gewählt, so dass die Methode bereits durch ihren Namen erklärt wird. Dies sollte eigentlich der Standardfall sein. Für klare Methodennamen hat ein Programmierer zu sorgen!

4.5 Zusammenfassung

Es werden die Entwurfsprinzipien KISS, YAGNI und DRY analysiert. Diese haben gemeinsam, dass sie Überflüssiges weglassen, aber nicht die Architektur des Systems entscheidend beeinflussen. Sie verringern jedoch die Zahl der Abhängigkeiten.

KISS (siehe Kapitel **4.1**) bedeutet, dass Systeme möglichst einfach und nicht komplex sein sollen. Änderungen und Erweiterungen sollen in einfacher Weise durchgeführt werden können, ohne die Stabilität des Systems zu gefährden.

YAGNI (siehe Kapitel **4.2**) fordert, dass ein Over-Engineering, spekulative Funktionen sowie vom Kunden nicht benötigte Generalisierungen bei der Entwicklung eines Systems vermieden werden sollen. Es soll nur das entwickelt werden, was der Kunde tatsächlich wünscht. Dadurch verringert sich die Komplexität des Systems. Ein Entwickler sollte nur klare Forderungen implementieren. Ein bestimmtes Programmteil sollte erst dann entwickelt werden, wenn es auch tatsächlich gefordert wird. Das Weglassen spekulativer Funktionalität

- erhöht die Änderbarkeit der Programme erheblich und
- führt zu einer schnelleren Realisierung der tatsächlich vom Kunden geforderten Funktionen.

Man muss aber trotz dieser Empfehlungen an die Erweiterbarkeit eines Systems und an den Bau einer vernünftigen Infrastruktur des Systems denken. Man darf nicht nur in solchen Features denken, die der Kunde direkt sieht.

Das DRY-Prinzip (siehe Kapitel **4.3**) verlangt, dass jegliche Art an Information in einem Projekt genau ein einziges Mal vorkommt. Durch das DRY-Prinzip sollen Aktualisierungsprobleme vermieden und dadurch die Komplexität verringert werden. Würden Replikate im System existieren, so würde es verschiedene Stellen geben, die voneinander abhängig sind, da sie stets identisch sein sollten. Muss eine dieser Stellen geändert werden, müssen alle anderen Stellen nachgezogen werden. Aus Konsistenzgründen darf dabei jedoch keine einzige Stelle vergessen werden. Beispielsweise Performance-Gründe oder fehlertolerante Architekturen können jedoch dazu führen, dass das DRY-Prinzip bewusst verletzt werden muss.

Das Prinzip "Single Level of Abstraction" (siehe Kapitel **4.4**) will verhindern, dass in einem Code zwischen verschiedenen Abstraktionsniveaus gewechselt werden muss. Anweisungen sollen so gruppiert werden, dass man für jede Gruppe von Anweisungen dasselbe Abstraktionsniveau der Anweisungen erhält. Diese Gruppen sollen als getrennte Methoden ausgewiesen werden. Man darf aber nicht vergessen, dass diese Strategie beim Lesen des Programms zu einem "Inlining" im Kopf führen muss, falls kein expressiver Methodenname gewählt wurde und die Struktur des Programms dadurch nicht klar ist.

Kapitel 5

Entwurfsprinzipien und Konzepte für schwach gekoppelte Teilsysteme

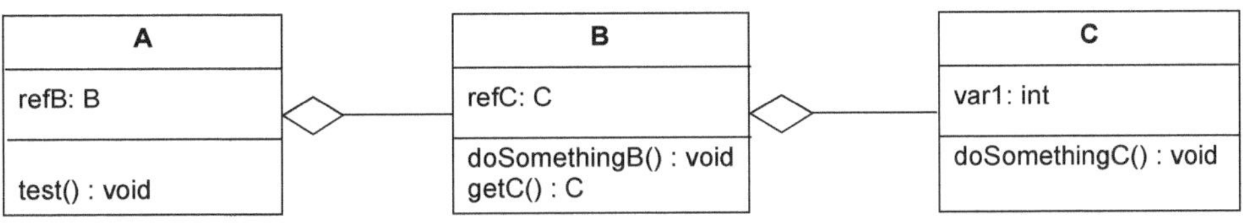

J. Goll, *Entwurfsprinzipien und Konstruktionskonzepte der Softwaretechnik*,
https://doi.org/10.1007/978-3-658-25975-4_5

5 Entwurfsprinzipien und Konzepte für schwach gekoppelte Teilsysteme

Abhängigkeiten stellen das größte Problem in der Softwareentwicklung dar. Abhängigkeiten zu vermeiden, ist daher für die Entwickler eine große Herausforderung.

Ein **wandelbares** oder **evolvierbares** System muss die **Abhängigkeiten** seiner Teile untereinander und mit der Umgebung so weit wie möglich **abschwächen**. Dadurch wird verhindert, dass infolge solcher Abhängigkeiten bei Änderungen oder Erweiterungen große Teile des Systems abgeändert werden müssen.

Erwünscht ist:

- Änderungen eines Systems sollen etwa gleich viel Aufwand erfordern, egal ob sie zu Beginn einer Entwicklung oder erst später durchgeführt werden.
- Es sollte möglich sein, eine Systemkomponente relativ problemlos isoliert aus einem System "herauszuschälen", um sie isoliert zu testen oder um sie ggf. in einem anderen System wiederverwenden zu können.

Bei heutigen Systemen erfordern spätere Änderungen in der Regel einen deutlich höheren Aufwand als zu Beginn einer Entwicklung.

Die beiden Prinzipien **"Loose Coupling"** und **"Strong Cohesion"** aus dem Jahre 1968 – oft zusammengefasst zu "Loose Coupling and Strong Cohesion" (siehe Kapitel 5.1) – sind die ältesten und nach Meinung des Autors die wichtigsten Prinzipien des Software Engineerings. Sie stammen noch aus der rein prozeduralen Welt. Dennoch können sie auch objektorientiert verwendet werden, da sie allgemeingültig formuliert sind. Diese Prinzipien verlangen eine Abschwächung der Abhängigkeiten zwischen verschiedenen Teilsystemen[37] und eine starke Kohäsion innerhalb eines einzelnen Teilsystems.

Kapitel 5.2 erklärt **"Information Hiding"** (dt. Geheimnisprinzip) für Module. Dieses Prinzip verbirgt modulinterne Daten sowie den Code eines Moduls – also die Implementierung – und erlaubt den Zugriff auf die Funktionalität dieses Moduls nur über eine schmale, minimale Schnittstelle (Benutzungsabstraktion).

Das Entwurfsprinzip **"Separation of Concerns"** (siehe Kapitel 5.3) spricht sich für eine saubere Trennung der verschiedenen Belange (Funktionalitäten) eines betrachteten Systems aus.

Das Entwurfsprinzip **"Law of Demeter"** (siehe Kapitel 5.4) stellt eine Interpretation von "Loose Coupling and Strong Cohesion" für objektorientierte Systeme dar.

[37] Teilsysteme, Komponenten und Module werden hier als Synonyme betrachtet.

Das **"Dependency Inversion Principle"** (siehe Kapitel 5.5) befasst sich speziell mit der Verwendung von Abstraktionen – meist Schnittstellen – in Aufrufhierarchien, um Abhängigkeiten der höheren Ebene von Implementierungen der tieferen Ebene zu verhindern und um Module der höheren Ebene wiederverwendbar zu machen.[38] Dabei werden die Abstraktionen von den Elementen der höheren Ebenen vorgegeben.

Das **"Interface Segregation Principle"** (siehe Kapitel 5.6) will, dass ein Client als Schnittstelle nur eine sogenannte Rollen-Schnittstelle verwendet, welche genau diejenigen Methoden enthält, die ein Client tatsächlich aufruft.

Das **"Single Responsibility Principle"** (siehe Kapitel 5.7) postuliert, dass ein Modul nur eine einzige Verantwortlichkeit – also eine einzige Funktionalität – als Grund für Änderungen hat. Andere Verantwortlichkeiten sollen jeweils in einem eigenen Modul liegen. Hiermit sollen bei Änderungen einer Verantwortlichkeit unbeabsichtigte Beschädigungen anderer Module vermieden werden. Dies erhöht die Stabilität.

"Dependency Lookup" und **"Dependency Injection"**, welche in Kapitel 5.8 vorgestellt werden, sind keine Entwurfsprinzipien, aber zwei wichtige Konzepte, um Abhängigkeiten bei der Erzeugung von Objekten abzuschwächen.

5.1 Loose Coupling and Strong Cohesion

Das Entwurfsprinzip "Loose Coupling and Strong Cohesion" befasst sich mit der Modularisierung von Software. Es betrachtet die Abschwächung von Abhängigkeiten zwischen physischen Teilsystemen (Modulen) und den inneren Zusammenhalt der einzelnen Module. Dass beide Prinzipien meist zusammen genannt werden, liegt daran, dass die beiden Größen "coupling" und "cohesion" keine unabhängigen Größen sind, sondern stark miteinander korreliert sind.

Ein gutes Softwaredesign sollte nach "Loose Coupling and Strong Cohesion" eine **schwache Kopplung** (engl. **loose coupling**) **zwischen den einzelnen Teilsystemen** und eine **starke Kohäsion** (engl. **strong cohesion**) **innerhalb eines einzelnen Teilsystems** aufweisen.

"Loose Coupling and Strong Cohesion" ist nach wie vor der beste Weg, um dafür zu sorgen, dass ein System testbar, stabil und änderbar wird. Auch der Code wird besser verständlich.

Wenn auch die Ziele von "Loose Coupling and Strong Cohesion" klar sind, so ist dennoch eine Quantifizierung der Erreichung dieser Ziele durch Metriken extrem schwierig.

Beim Identifizieren von in sich selbst stark zusammenhängenden Modulen, die wechselseitig schwach gekoppelt sind, ist an erster Stelle der Problembereich zu analysieren.

[38] Dieses Prinzip gilt nicht für jede Schichtenarchitektur.

So schreibt Edward Yourdon *[You79, p. 105]:*

"Adapting the system's design to the problem structure (or 'application structure') is an extremely important design philosophy."

Es kann aber nicht nur Module aus Funktionen des Problembereichs geben, sondern auch Module nur aus sogenannten "technischen" Funktionen (siehe Anhang), die im Lösungsbereich neu entstehen wie eine Datenbank-Schnittstelle, und ferner gemischte Module, welche Funktionen des Problembereichs plus neu hinzukommende technische Funktionen des Lösungsbereichs enthalten.

Klar ist der Problembereich sehr wichtig für die Modularisierung! Die Modularisierung erfolgt aber im Lösungsbereich und da darf man nicht vergessen, dass auch die technischen Funktionen, die im Lösungsbereich zu den Funktionen des Problembereichs hinzukommen, modularisiert werden.

5.1.1 Namensgebung

Statt von "Loose Coupling" spricht man auch von "Low" oder "Weak Coupling" und statt von einer "Strong Cohesion" auch von einer "High" oder "Tight Cohesion".

Leider gibt es für den Namen "Loose Coupling and Strong Cohesion" keine allgemein anerkannte Formulierung.

So nennt Alan M. Davis in seinem Buch "201 Principles of Software Development" aus dem Jahre 1995 [Dav95] dieses Prinzip "Use Coupling and Cohesion".

5.1.2 Historie

Der Vorschlag einer losen Kopplung und einer starken Kohäsion wurde zuerst von Larry Constantine im Jahre 1968 veröffentlicht (siehe [Bar68]). Er konzipierte die Qualitätsmerkmale "Coupling" und "Cohesion" in den sechziger Jahren als Teil des Structured Design für prozedurale Systeme.

5.1.3 Ziel

Es geht bei "Loose Coupling and Strong Cohesion" letztendlich um

- die **Stabilität** eines Systems gegen auftretende Fehler sowie
- eine leichte **Testbarkeit**, **Änderbarkeit/Erweiterbarkeit** und **Wartbarkeit**.

Je schwächer die Kopplung zwischen den Modulen und je stärker die Kohäsion innerhalb eines Moduls ist, umso besser ist die Modularisierung.

Bei **schwacher Kopplung** breiten sich Probleme weniger aus, da die wechselseitigen Abhängigkeiten der Module schwach sind. Dadurch werden die **Systeme stabiler**.

Schwach gekoppelte Module können **leichter** isoliert voneinander **getestet** werden. Schwach gekoppelte Komponenten können überdies leichter in anderen Systemen **wiederverwendet** werden.

Stark gekoppelte Systeme sind **schwer** zu **ändern** oder zu **erweitern**, da eine Änderung an einer bestimmten Stelle Änderungen an anderen Stellen nach sich zieht.

Die **Wartbarkeit** eines Systems wird durch die inneren Eigenschaften eines Systems bestimmt, insbesondere durch die **Testbarkeit** und **Änderbarkeit/Erweiterbarkeit**.

Durch einen starken logischen Zusammenhalt der Funktionalität eines Moduls steigt die Wahrscheinlichkeit, dass im Falle von Änderungen eines Features nur ein einziges Modul betroffen ist. Im Idealfall sind alle Aspekte eines Features als eine **einzige Verantwortlichkeit** nach Robert C. Martin (siehe Kapitel 5.7) **in einem eigenen Modul** zusammengefasst.

Wären logisch zusammengehörige Methoden über verschiedene Module verstreut, so wären bei notwendigen Änderungen mit hoher Wahrscheinlichkeit mehrere Module betroffen.

5.1.4 "Coupling"

Stevens et al. [Ste74] definierten **"Coupling"** als ein **Maß für die Stärke der Beziehung zwischen zwei Modulen** des Entwurfs.

Hierzu schreibt Edward Yourdon [You79, p. 85]:

*"The measure that we are seeking is known as **coupling**; it **is a measure of the strength of interconnection**. Thus, 'highly coupled' modules are joined by strong interactions; 'loosely coupled' modules are joined by weak interactions; 'uncoupled' or 'decoupled' modules have no interactions and are, thus, independent."*

*"If two modules are **highly coupled**, then there is a **high probability** that a programmer trying to modify one of them will have to **make a change to the other**."*

"Loose Coupling" bedeutet, dass ein Modul nicht wesentlich von einem anderen Modul abhängt.

Würde es überhaupt keine Kopplung geben, so würden sich Änderungen stets nur lokal auf ein einziges Modul auswirken. Das würde andererseits aber bedeuten, dass die Module unabhängig voneinander arbeiten und keines der Module die Funktionen eines anderen Moduls benutzt.

Wenn Module **zusammenarbeiten**, liegt immer eine **gewisse Kopplung** vor.

Die beiden folgenden Abbildungen symbolisieren eine lose und eine starke Kopplung zwischen zwei Modulen. Dabei deuten die Pfeile an, welches Modul die Funktionen des anderen Moduls benutzt:

Abbildung 5-1 Lose Kopplung zwischen zwei Modulen (symbolisch)

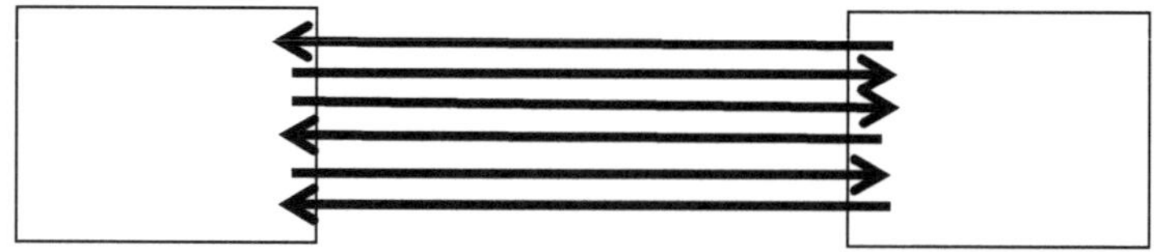

Abbildung 5-2 Starke Kopplung zwischen zwei Modulen (symbolisch)

5.1.5 "Cohesion"

Was "Cohesion" (dt. Zusammenhalt, Kohäsion) ist, beschreibt Edward Yourdon wie folgt [You79, p. 106]:

"What we are considering is the ***cohesion of each module in isolation*** *– how tightly bound or related its internal elements are one to another. Other terms sometimes used to denote the same concept are 'modular strength', 'binding' and 'functionality'".*

Kohäsion (engl. **cohesion**) als **Maß für den inneren Zusammenhalt** der Funktionen eines Moduls gibt an, wie stark die Funktionen des betreffenden Moduls untereinander in Bezug stehen.

Ziel ist es, **Module mit starker interner Kohäsion** zu entwickeln. Solche Module sind einfacher zu warten.

Wenn die Kohäsion innerhalb der Module nur schwach ist, gibt es Schwierigkeiten, die Ursachen von Fehlern zu identifizieren oder diejenigen Stellen zu lokalisieren, die anzupassen sind, um mit neuen Requirements fertig zu werden.

"Strong Cohesion" wurde bereits von Tom DeMarco [DeM79] mit den Worten gefordert:

"The more valid a module's reason for existing as a module, the more cohesive it is."

5.1.6 Korrelation von "Coupling" und "Cohesion"

"Coupling" und **"Cohesion"** sind **Qualitätsmerkmale** eines Systems, die sich auf die Module eines Systems beziehen. Diese beiden Qualitätsmerkmale sind eng korreliert.

Edward Yourdon schreibt [You79, p. 106]:

"Clearly, cohesion and coupling are interrelated. The greater the cohesion of individual modules in the system, the lower the coupling between modules will be."

Je stärker die **Module in sich zusammenhängend sind** ("high internal cohesion"), **desto schwächer sind sie wechselseitig gekoppelt** ("loose external coupling").

Änderungen an den Anforderungen eines Systems erfordern bei Vorliegen einer schwachen Kopplung zwischen den Modulen weniger Änderungen des Systems als bei starker Kopplung.

5.1.7 Schnittstellen[39]

Wenn Module schwach wechselwirken sollen, muss die Implementierung eines Moduls verborgen sein.

Bleiben die Schnittstellen der Module eines Systems stabil, so wird das Risiko einer parallelen Bearbeitung der einzelnen Module eines Systems durch jeweils verschiedene Projektmitarbeiter erheblich gesenkt. Dies liegt vor allem daran, dass kein Modul von den Implementierungsentscheidungen eines anderen Moduls betroffen ist.

Eine **lose Kopplung** (engl. **loose coupling**) bedeutet in der Softwarearchitektur, dass die Module einer Software nur über ihre **Schnittstellen** mit anderen Modulen kommunizieren dürfen (**Benutzungsabstraktion**).

Die generelle Verwendung schmaler Schnittstellen für die Module eines Systems entspricht einer Abschwächung von Abhängigkeiten.

Ein aufrufendes Programm hängt bei Einhaltung der Verträge einer Schnittstelle nur noch von der Schnittstelle selbst und nicht von deren Implementierung ab.

Wird die fehlerhafte Implementierung eines solchen Moduls korrigiert, so muss der Aufrufer nicht verändert werden.

[39] zum Begriff einer "Schnittstelle" siehe Begriffsverzeichnis

5.1.8 Bewertung

Ein Entwurf gilt – wie schon erwähnt – nach "Loose Coupling and Strong Cohesion" als gut, wenn

- innerhalb eines Moduls eine möglichst hohe Bindungsstärke oder starke Kohäsion und
- zwischen den verschiedenen Modulen eine möglichst schwache Wechselwirkung

besteht.

Die **Vorteile** von schwach gekoppelten Modulen mit einer starken inneren Köhäsion sind[40]:

- **schwächere Abhängigkeiten**

  Die Abhängigkeiten zwischen Modulen werden verringert.

- **bessere Wiederverwendbarkeit**

  Die Wiederverwendbarkeit der Module wird erhöht.

- **Änderbarkeit und Austauschbarkeit**

  Die Änderbarkeit und Austauschbarkeit von Modulen wird erhöht, wenn die Schnittstellen stabil bleiben.

- **Stabilität des Systems**

  Die Stabilität des Systems wird erhöht, da die Ausbreitung von Fehlern verringert wird.[41]

- **arbeitsteilige Entwicklung**

  Nach Festlegung der Schnittstellen können die Module jeweils getrennt für sich von verschiedenen Entwicklern parallel realisiert und nach ihrer Fertigstellung getrennt getestet werden.

5.1.9 Weitergehende Betrachtungen zu Schnittstellen

Die Betrachtung dieses Kapitels geht über die Aussagen von "Loose Coupling and Strong Cohesion" hinaus.

Neben Methodenköpfen als Aufrufschnittstellen von Funktionen umfasst eine Schnittstelle auch die Definition der **Semantik der Funktionen**[42], also die Spezifikation der Funktionen.

[40] Der Vorteil des "Single Responsibility Principle", nämlich dass bei der Änderung der einzigen Verantwortlichkeit eines Moduls eine andere Verantwortlichkeit nicht in unabsichtlicher Weise beschädigt wird, ist hierbei noch nicht berücksichtigt.

[41] Dies betrifft Fehlerfälle und Fehleingaben im Betrieb.

[42] Die Semantik der Funktionen kann in der Regel nicht in den gängigen Programmiersprachen ausgedrückt werden. Das Konzept "Design by Contract" (siehe Kapitel 6.1) setzt an dieser Stelle an: Die

Der Ansatz, dass man gegen Schnittstellen programmiert, bedeutet, dass man nicht nur gegen Methodenköpfe der Schnittstellenmethoden, sondern gegen die **Verträge**[43] der Schnittstellenmethoden – letztendlich gegen die Spezifikation – programmiert.

Natürlich ist man dann aber von der gesamten Schnittstelle, also auch von deren Spezifikation abhängig. In der Praxis ist dieser Ansatz aber meist nur Theorie: Man beschränkt sich bei der Definition von Schnittstellen oft nur auf die Methodenköpfe und lässt die Semantik explizit weg, da diese nicht einfach zu beschreiben ist.

Zu einer Schnittstelle können nicht nur **funktionale Forderungen** gehören, sondern auch **nicht funktionale Eigenschaften** wie beispielsweise Performance[44] oder Security[45].

Dass man gegen Schnittstellen programmiert, kann man sowohl bei Vorliegen **gleichberechtigter Module auf gleicher Ebene** (engl. **peers**), als auch in einer **Aufrufhierarchie** betrachten:

- Auf derselben Ebene – also unter Gleichberechtigten – hat man beim Beobachtermuster (siehe Kapitel 8.3) gleichberechtigte Module, die jeweils eine Schnittstelle tragen.
- Betrachtet man eine Aufrufhierarchie, so muss jedes Modul der höheren Ebene beim "Dependency Inversion Principle" (siehe Kapitel 5.5) eine Abstraktion – meist eine Schnittstelle – bereitstellen, welche das Modul selbst zum Aufruf von Funktionen einer tieferen Eben nutzt und welche von einem Modul der tieferen Ebene implementiert wird. Siehe hierzu das "Dependency Inversion Principle" (DIP) in Kapitel 5.5.

5.2 Information Hiding

"Information Hiding" von Modulen nach David L. Parnas verbirgt modulinterne Daten und den Code eines Moduls – also die Implementierung – und erlaubt den Zugriff auf die Funktionalität dieses Moduls nur über eine schmale, minimale Schnittstelle (**Benutzungsabstraktion**).

Verträge von "Design by Contract" stellen ein Mittel dar, um die Semantik besser zu beschreiben, als es mit einer Programmiersprache möglich ist.

43 siehe Kapitel 6.1

44 Da jedes System eine andere Performance hat, können für die Performance nur gewünschte, geschätzte Werte angegeben werden. Soll es jedoch beispielsweise einen Timeout nach einer gewissen Zeitspanne geben, so muss garantiert werden, dass der Client der Schnittstelle nach dieser Zeit eine Antwort in Form eines Timeouts erhält.

45 Auch wenn Security oftmals gerne als nicht funktional (im Sinne der Anwendungsfunktionen) angesehen wird, stecken dennoch hinter der Security dedizierte Sicherheitsfunktionen. Gerade Web-Schnittstellen können mit verschiedensten Sicherheitsmechanismen geschützt werden. Der verwendete Mechanismus ist in der Schnittstellenbeschreibung zu benennen.

5.2.1 Historie

David L. Parnas erfand das Prinzip "Information Hiding". Dieses Entwurfsprinzip stammt noch aus der prozeduralen Welt, wurde später aber auch zu einem zentralen Prinzip der Objektorientierung. Es wurde durch die Veröffentlichung "On the criteria to be used in decomposing systems into modules" von David L. Parnas im August 1971 an der Carnegie Mellon University in Pittsburgh, Pennsylvania, in der Fachwelt bekannt [Par71]. Hierbei schrieb Parnas, wie man Module finden sollte:

"... it is almost always incorrect to begin the ***decomposition of a system*** *into modules on the basis of a flowchart. We propose instead that one begins with a list of* ***difficult design decisions or design decisions which are likely to change. Each module is then designed to hide such a decision from the others.****"*

"Its interface or definition was chosen to reveal as little as possible about its inner workings."

Die Schnittstellen sollen so wenig wie möglich über das Innere der Module freigeben. Sie sollen **schwierige Designentscheidungen oder häufige Änderungen verbergen**.

David L. Parnas schlug also bereits im Jahre 1971 eine **Kapselung auf Grund von Änderungswahrscheinlichkeiten** vor.

Im Jahre 2002 verknüpfte Robert C. Martin [Mar02] die **Änderungswahrscheinlichkeit eines Moduls** mit dessen innerer Kohäsion und legte fest, dass ein Modul aus Stabilitätsgründen nur eine **einzige Verantwortlichkeit** und somit auch nur **einen einzigen Grund für eine Änderung haben darf**.

Durch die Arbeiten von Robert C. Martin zum "Single Responsibility Principle" (siehe Kapitel 5.7) wurde der Begriff der "Änderungswahrscheinlichkeit" später dann populär und allgemein akzeptiert.

5.2.2 Ziel

Zur Erreichung von Stabilität sollen nach Parnas Designentscheidungen in Modulen gekapselt und damit Implementierungen verborgen werden.

5.2.3 Bewertung

"Information Hiding" ist für die Objektorientierung so zentral, dass objektorientierte Programmiersprachen eine Kapselung durch die Vergabe von Schutzrechten wie privat oder geschützt für die Elemente einer Klasse, d. h. für die Variablen und Methoden, unterstützen.

Der **Vorteil** von "Information Hiding" ist:

- **Unabhängigkeit von der Implementierung und damit leichter Austausch der Implementierung**

  Die Abhängigkeit von Implementierungen entfällt. Bleibt eine Schnittstelle unverändert, dann kann dennoch die Implementierung problemlos von Version zu Version geändert werden, da sie gekapselt ist.

Auch Frameworks oder Datenbanken stellen ihre Leistungen über APIs zur Verfügung und verbergen dabei ihre Implementierung.

5.3 Separation of Concerns

Das Prinzip **"Separation of Concerns"**, abgekürzt als **SoC**, von Edsger W. Dijkstra ist zwar verwandt mit dem später aufgestellten **"Single Responsibility Principle"**, abgekürzt als **SRP**, von Robert C. Martin (siehe Kapitel 5.7), ist aber grundsätzlich anders einzuordnen. Im Folgenden wird der Zusammenhang zwischen diesen beiden Prinzipien beschrieben.

"Separation of Concerns" ist ein allgemeines Denkprinzip, das besagt, dass ein "concern"[46] eines Systems sauber von den anderen "concerns" dieses Systems abzugrenzen ist. Ein **"concern"** repräsentiert dabei ein bestimmtes Interesse in einem System, einen **Belang**.

"Separation of Concerns" gilt nicht nur für Software, sondern generell für beliebige Systeme.[47]

Gefordert wird, dass die verschiedenen Belange eines Systems voneinander sauber abzutrennen sind. Es wird jedoch nicht gefordert, dass sie eigene physische Module darstellen.

5.3.1 Historie

In der Veröffentlichung "On the role of scientific thought" postulierte Edsger W. Dijkstra [Dij74]:

*"It is what I sometimes have called the separation of concerns, which, even if not perfectly possible, is yet the only available technique for **effective ordering of one's thoughts**, that I know of. This is what I mean by focussing one's attention upon some aspect: it does not mean ignoring the other aspects, it is just doing justice to the fact that from this aspect's point of view, the other is irrelevant."*

---

46 Ein "concern" kann mit Belang, Anliegen oder Verantwortung übersetzt werden.

47 Das "Single Responsibility Principle" (siehe Kapitel 5.7) gilt hingegen nur für das Finden von Modulen im Lösungsbereich eines Softwaresystems.

5.3.2 Ziel

"Separation of Concerns" will die **verschiedenen Belange eines Systems** voneinander **trennen**, damit diese jeweils getrennt für sich betrachtet werden können.

Für die Abbildung in einen Belang werden die anderen Belange des Systems nicht betrachtet. Diese werden jeweils abgetrennt[48], damit man sich voll auf eine einzige Aufgabe konzentrieren kann und nicht durch die Wechselwirkung mit anderen Aufgaben verwirrt wird. Das Prinzip "Separation of Concerns" von Edsger W. Dijkstra [Dij74] teilt also ein System in verschiedene voneinander getrennte **Belange** auf, die sich in ihrer Funktionalität nicht überlappen sollen.

Das Ziel von "Separation of Concerns" ist es, ein System so in Belange zu schneiden, dass diese Teile unabhängig von den anderen Teilen entwickelt und verändert werden können. Ein Fehler in einem Teil soll sich dabei nicht auf die anderen Teile auswirken.

Der Einsatz von "Separation of Concerns" trennt im Falle von Programmcode beispielsweise fachlichen von technischem Code, aber insbesondere auch unterschiedliche fachliche Belange innerhalb einer Domäne bzw. eines Fachgebiets.

5.3.3 Umsetzung in die Programmierung

Umgesetzt werden kann "Separation of Concerns" beim Programmieren beispielsweise über

- Schichten in Schichtenmodellen,
- Klassen in objektorientierten Sprachen,
- Funktionen bzw. Prozeduren in prozeduralen Sprachen,
- Services in einer serviceorientierten Architektur (SOA) oder
- Klassen und Aspekte in der aspektorientierten Programmierung.

5.3.4 Bewertung

Ohne eine saubere Abgrenzung der verschiedenen Belange entstehen zu viele Abhängigkeiten zwischen den verschiedenen Belangen eines Systems. Eine saubere Trennung erlaubt es, diese Belange jeweils getrennt für sich zu betrachten.

Vorteile von "Separation of Concerns" sind:

- **Fokussierung auf getrennte Belange**

  Dies reduziert die Komplexität und stellt das jeweils Wichtige in den Vordergrund.

[48] Eine saubere Abgrenzung ist aber nur dann möglich, wenn jeweils eine starke Kohäsion innerhalb eines Teilsystems besteht.

- **Erhöhung der Wiederverwendbarkeit**

  Sauber getrennte Belange können wiederverwendet werden.

5.4 Law of Demeter

Nach K. Lieberherr, I. Holland und A. Riel wird mit dem **"Law of Demeter"** (abgekürzt als **LoD**, dt. **"Gesetz von Demeter"**) eine programmiersprachenunabhängige Richtlinie, welche die Idee einer losen Kopplung von Modulen und deren Kapselung in der objektorientierten Welt aufgreift, beschrieben [Lie88, p. 323].

Das "Law of Demeter" kann grundsätzlich als eine Projektion des Ansatzes von "Loose Coupling and Strong Cohesion" auf die **Objektorientierung** betrachtet werden [liebla].

Letztendlich kann das "Law of Demeter" als Richtlinie für die **Verkettung objektorientierter Methodenaufrufe** angesehen werden.

5.4.1 Historie

Das **"Law of Demeter"** wurde erstmals im Herbst 1987 von Ian Holland an der Northeastern University in Boston im Rahmen des Forschungsprojektes "Demeter"[49] aufgestellt [liebla]. Andere Namen für dieses Prinzip sind:

- **"Principle of Least Knowledge"** [lieber],
- **"Law of Goodstyle"** [Lie88, p. 323] bzw.
- **"Law of Demeter for Functions/Methods"** (LoD-F) [appint].

Das "Law of Demeter" betrachtet Methodenaufrufe und gibt eine Richtlinie vor, welche Aufrufe erwünscht sind und welche unterlassen werden sollten. Es existieren die folgenden **Ausprägungen** des "Law of Demeter" durch Lieberherr, Holland und Riel:

- "Weak Law of Demeter" (siehe Kapitel 5.4.6.1),
- "Strong Law of Demeter" (siehe Kapitel 5.4.6.2),
- Objektform (siehe Kapitel 5.4.6.3) und
- Klassenform (siehe Kapitel 5.4.6.4).

5.4.2 Ziel

K. Lieberherr, I. Holland und A. Riel [liebob, p. 325] formulierten den Zweck des "Law of Demeter" erstmals in ihrer 1988 erschienenen Veröffentlichung mit den Worten:

---

49 ein Projekt zur Entwicklung verschiedener Tools, welche die Softwareentwicklung unter Einhaltung des "Law of Demeter" leichter machen

*"The motivation behind this law is to ensure that the software is as **modular** as possible."*

Ziel des "Law of Demeter" ist es, Abhängigkeiten zwischen den einzelnen Komponenten zu reduzieren [liebfo] und so ein **modulares**, objektorientiertes Softwaresystem mit minimalen Abhängigkeiten bereitzustellen.[50]

Die folgenden Unterkapitel beschreiben die konzeptionelle Umsetzung dieses Ziels.

5.4.3 "Schüchterner" Code – Einschränkung verketteter Methodenaufrufe

Spricht man in der objektorientierten Softwareentwicklung von Modularität und einer schwachen Kopplung, so setzt dies eine Einschränkung der gegenseitigen Bekanntheit der einzelnen Softwarekomponenten und damit eine Einschränkung ihrer Kommunikation voraus.[51]

Jedes Objekt darf nur seinen direkten Nachbarn kennen, nicht aber den Nachbarn des Nachbarn [liebla].

Die direkten Nachbarn werden als **Freunde** bezeichnet, die anderen Objekte sind die **Fremden**. Karl Lieberherr [lieber] schreibt hierzu:

*"Each unit should only talk to its **friends**. **Don't talk to strangers**."*

Methoden, welche mit dem Gesetz von Demeter konform sind, dürfen nur ihre direkten Nachbarn kennen. Indirektionen zur Verkettung "fremder" Klassen dürfen nicht verwendet werden.

Durch das "Law of Demeter" wird die Zahl der **zulässigen Verkettungen** von Methodenaufrufen drastisch limitiert.

Code, der nach dem "Law of Demeter" geschrieben wird, bei dem ein Objekt nicht über ein zweites Objekt auf ein drittes Objekt zugreifen darf, wird als **"schüchterner" Code** bezeichnet.

---

50 Damit kann das "Law of Demeter" auch als ein Spezialfall des Entwurfprinzips "loose coupling" betrachtet werden [liebla].

51 Die Strategie, Beziehungen über mehrere Klassen hinweg nicht zu erlauben, wird auch beispielsweise in David Bocks Paperboy-Programm [bockda] demonstriert. Kein Kunde würde dem Zeitungsjungen den Geldbeutel in die Hand geben, damit dieser sich selbst seinen Lohn entnehmen kann. Stattdessen entnimmt der Kunde selbst das Geld aus seinem Geldbeutel und reicht es dem Zeitungsjungen.

Die konkrete Umsetzung des Gesetzes von Demeter variiert je nach verwendeter Programmiersprache[52]. Lieberherr, Holland und Riel formulierten das "Law of Demeter" deshalb gesondert für verschiedene Programmiersprachen (Smalltalk-80, CLOS, Eiffel und C++) [Hol89].

Bei Programmiersprachen, welche als Zugriffsoperator auf Methoden oder Attribute einen Punkt oder auch einen Pfeil einsetzen wie z. B. C++, wird das "Law of Demeter" auf die einfache Vorschrift beschränkt, nur einen einzigen Punkt beziehungsweise nur einen einzigen Pfeil pro Anweisung zu verwenden.

5.4.4 Konzeptionelles Beispiel für das "Law of Demeter"

Abbildung 5-3 zeigt eine Klassenkonstellation als Beispiel für erlaubte und unerlaubte Methodenaufrufe:

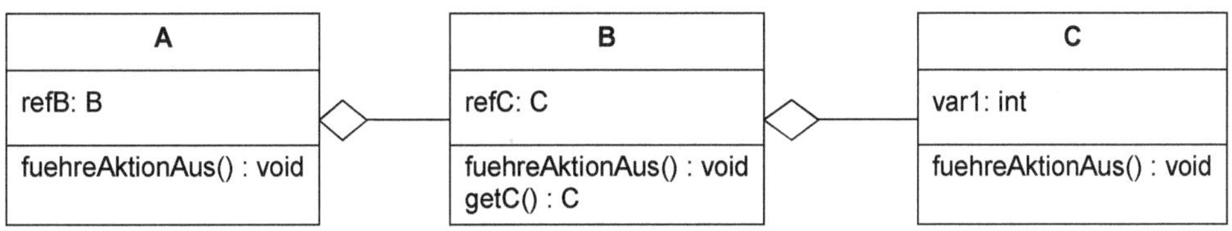

Abbildung 5-3 Beispiel

Innerhalb der Methode `fuehreAktionAus()` der Klasse `A` darf auf die befreundete Klasse `B` über die Referenz `refB` und deren Methoden zugegriffen werden. Ein Aufruf wie beispielsweise der von `refB.fuehreAktionAus()` ist demnach vollkommen legitim, denn `A` spricht nur mit dem Freund `B`.

Erfolgt innerhalb der Methode `fuehreAktionAus()` der Klasse `A` jedoch ein Aufruf von `refB.getC().fuehreAktionAus()`, so wird über die Klasse `B` hinweg auf eine der Klasse `A` unbekannte Klasse `C` zugegriffen. Ein derartiger Aufruf ist ein Beispiel für die Verletzung des "Law of Demeter". Das **Geheimnisprinzip** und folglich das "Law of Demeter" wird durch einen derartigen Methodenaufruf verletzt.

Eine Verletzung des Geheimnisprinzips kann beispielsweise dadurch vermieden werden, indem die Klasse `B` einen Dienst anbietet, welcher die Funktionalität der zuvor in unachtsamer Weise aufgerufenen Methode der Klasse `C` kapselt (siehe Kapitel 5.4.5). Neben der Verletzung des "Law of Demeter" wird im dargestellten Beispiel auch das Prinzip des **"Information Hiding"** bzw. des **Geheimnisprinzips** verletzt, da die Klasse `B` ihre eigentlich private Referenz vom Typ der Klasse `C` anderen Klassen über eine get-Methode öffentlich zur Verfügung stellt.

52 Eine Übertragung des "Law of Demeter" auf die Programmiersprache Java fehlt in den ursprünglichen Formulierungen. Aus diesem Grunde wird in Kapitel 5.4 versucht, das "Law of Demeter" möglichst im Sinne der Erfinder auf Java zu übertragen.

Die achtlose Verwendung von **get-** und **set-Methoden** verletzt das Prinzip des **"Information Hiding"**. Daher sollten derartige Methoden nur dann angeboten werden, wenn dies zwingend notwendig ist.

5.4.5 Wrapper-Methoden zur Kommunikation mit Fremden

Soll das Wissen über andere Komponenten und deren Struktur auf Freunde beschränkt werden, so muss die Kommunikation zweier Fremder (hier der Klassen `A` und `C`) durch eine zusätzliche Methode – hier in der dazwischenstehenden Klasse `B` – gekapselt werden. Diese Methoden werden als **Wrapper-Methoden**[53] bezeichnet [App96].

Wrapper-Methoden[54] zur Kommunikation mit Fremden ermöglichen auf indirektem Weg die **Kommunikation zwischen zwei nicht direkt benachbarten Objekten**.

Eine solche Wrapper-Methode stellt einen "höheren" Dienst mit mehr Logik als etwa eine einfache get-Methode dar.

5.4.6 Formen des "Law of Demeter"

Beim Gesetz von Demeter gibt es verschiedene **Ausprägungen**, Interpretationen und Entwicklungsstufen. Zunächst unterschieden die Erfinder des "Law of Demeter", K. Lieberherr, I. Holland und A. Riel im Jahre 1988 in ihrer Veröffentlichung [Lie88] ein "**Weak Law of Demeter**" von einem "**Strong Law of Demeter**". Im darauffolgenden Jahr sprachen K. Lieberherr und I. Holland hingegen von zwei weiteren Kategorien, einer "**Objektform**" und einer "**Klassenform**" [Lie89]. Die folgenden Unterkapitel befassen sich mit diesen Ausprägungen.

5.4.6.1 "Weak Law of Demeter"

Das "**Weak Law of Demeter**" wurde im Jahre 1988 von K. Lieberherr, I. Holland und A. Riel wie folgt definiert [Lie88, p. 329]:

"The Weak Law of Demeter defines instance variables as being BOTH the instance variables that make up a given class AND any instance variables inherited from other classes."

Beim "Weak Law of Demeter" darf innerhalb einer Methode sowohl auf die eigenen Instanzvariablen als auch auf die von der Basisklasse geerbten Variablen zugegriffen werden.

53 auch als Vermittler-Methoden bezeichnet

54 Das englische Wort "to wrap" bedeutet "umwickeln". Der Begriff "Wrapper-Methoden" bzw. "Wrapper-Klassen" ist auch in anderem Zusammenhang gebräuchlich.

Wird das "Weak Law of Demeter" angewandt, so wirken sich Änderungen der Attribute einer Basisklasse auch auf die Methoden von abgeleiteten Klassen aus, welche die von den Änderungen betroffenen Instanzvariablen der Basisklasse direkt verwenden [liebob, p. 329].

5.4.6.2 "Strong Law of Demeter"

Während das "Weak Law of Demeter" den Zugriff von Methoden einer abgeleiteten Klasse auf geerbte Variablen zulässt, schränkt das "Strong Law of Demeter" den Zugriff auf geerbte Variablen ein [Lie88, p. 329]:

"The Strong Law of Demeter defines instance variables as being ONLY the instance variables that make up a given class. Inherited instance variable types may not be passed messages."

Gemäß dem "Strong Law of Demeter" wird eine Variable nur dann als Instanzvariable bezeichnet, wenn sie direkter Bestandteil der betrachteten Klasse ist.

Wrapper-Methoden für Attribute der Basisklasse beim "Strong Law of Demeter"

Ein Zugriff einer Methode einer abgeleiteten Klasse auf eine Variable, welche durch Vererbung an diese abgeleitete Klasse weitergereicht wurde, ist nach dem "Strong Law of Demeter" nicht legitim.

Deshalb fordert das "Strong Law of Demeter" in der Basisklasse zusätzliche Methoden, die ebenfalls **Wrapper-Methoden** genannt werden. Diese **kapseln** die **konkrete Struktur** einer Basisklasse und erlauben dennoch den Zugriff auf deren Attribute durch eine abgeleitete Klasse.

Wrapper-Methoden beim "Strong Law of Demeter" für die Attribute einer Basisklasse fungieren als Vermittler zwischen den Attributen der Basisklasse und den Methoden einer abgeleiteten Klasse.

Dabei ist es wichtig, dass diese Wrapper-Methoden in der Basisklasse implementiert sind und nicht von den abgeleiteten Klassen überschrieben werden.

Kommt es beim "Strong Law of Demeter" zu Änderungen der Attribute der Basisklasse, so betrifft dies nur die entsprechende Wrapper-Methode, nicht aber die Methoden der abgeleiteten Klassen.

Das "Strong Law of Demeter" unterstützt damit vor allem das Prinzip des **"Information Hiding"** stärker als das "Weak Law of Demeter" und reduziert somit die Abhängigkeiten zwischen einer Basisklasse und ihren abgeleiteten Klassen.

5.4.6.3 Objektform

Die Formulierung des Gesetzes von Demeter in der **Objektform** ist die am häufigsten verwendete Form.

Mit der Objektform legten Lieberherr, Holland und Riel die Grenzen fest, innerhalb derer Methodenaufrufe auf Objekten mit dem "Law of Demeter" konform sind. Es wurde definiert, welche Objekte als **befreundet** betrachtet werden dürfen.

Im Folgenden wird die Definition der **Objektform** nach I. Holland [Hol89] beschrieben. Eine Methode `m` eines Objektes `o` darf nach dem "Law of Demeter" nur die folgenden Methoden aufrufen:

- des Objektes `o` selbst — (1) im folgenden Beispiel
- der an die Methode `m` übergebenen Objekte — (2) im folgenden Beispiel
- von lokal im Objekt `o` neu erzeugten Objekten — (3) und (4) im folgenden Beispiel
- eines globalen Objektes des Objekts `o` — Im folgenden Beispiel gibt es kein globales Objekt. Ein solches wäre in Java `public static`

Folgender Programmcode[55] zeigt hierfür einige konkrete Beispiele in der Programmiersprache Java:

```
// Datei: LawOfDemeterObjektform.java

public class LawOfDemeterObjektform
{
   private A aRef = new A();

   private void fuehreAktionAus()
   {
   }

   public void beispielAufrufe (B bRef)
   {
      C cRef = new C();
      this.fuehreAktionAus();     //(1) -> eigenes Objekt
      bRef.fuehreAktionAus();     //(2) -> übergebenes Objekt
      cRef.fuehreAktionAus();     //(3) -> selbsterzeugtes Objekt
                                  //(immediate part class)
      aRef.fuehreAktionAus();     //(4) -> selbsterzeugtes Objekt
   }
}
```

Nach Karl Lieberherr [Lie95] sagt das "Law of Demeter" im Wesentlichen:

*"[...] you should only talk to yourself (**current class**), to close relatives (**immediate part classes**), and friends who visit you (**argument classes**). But you never talk to strangers."* [Lie95, p. 203]

---

[55] angelehnt an [Fri04]

5.4.6.4 Klassenform

Die **Klassenform** ist der Objektform sehr ähnlich, wird jedoch nicht nur auf Objekte, sondern allgemein auf Klassen bezogen. Hierbei findet eine Unterscheidung in eine strikte und eine minimierte Form statt.

Die Definitionen der strikten und der minimierten Form nach [Hol89] und [Ber11] werden im Folgenden vorgestellt.

Strikte Form: Eine Methode `m` der Klasse `A` darf folgende Methoden aufrufen:

- Methoden der Klasse `A` selbst,
- Methoden der Klasse eines Übergabeparameters von `m`,
- Methoden von Klassen, deren Instanzen lokal neu erzeugt wurden, oder
- Methoden einer Klasse eines globalen[56] Objektes.

Minimierte Form: Die minimierte Form lockert die Einschränkungen der strikten Form auf. Sie erlaubt den Zugriff auf Methoden weiterer Klassen, nämlich auf

- Methoden einer Klasse, welche stabil ist oder eine stabile Schnittstelle implementiert,
- Methoden einer Klasse, welche die zuvor bei der strikten Form genannten Bedingungen nicht erfüllen, sofern der direkte Zugriff aus Laufzeit-Effizienzgründen nötig ist, und
- Methoden zur Objekterzeugung.

Diese Form des "Law of Demeter" bringt somit die wenigsten Einschränkungen für erlaubte Methodenaufrufe mit sich.

5.4.7 Programmbeispiel für das "Weak" und "Strong Law of Demeter"

K. Lieberherr, I. Holland und A. Riel erläuterten den Unterschied des "weak" und "strong" LoD in "Object-Oriented Programming: An Objective Sense of Style" [Lie88, pp. 329,330] beispielhaft an einem Obstkorb. Hierbei befinden sich in einem Obstkorb (Klasse `Obstkorb`) jeweils ein einziger Apfel, eine einzige Orange und eine einzige Pflaume. Die Klassen `Apfel`, `Orange` und `Pflaume` sind von der Klasse `Frucht` als Basisklasse abgeleitet, welche ein Attribut `gewicht` besitzt.

Zur Berechnung des Gewichts der unterschiedlichen Früchte des Obstkorbs sind unterschiedliche Formeln nötig, da sich der eigentliche Fruchtanteil je nach Sorte unterscheidet. So muss beispielsweise bei einer Pflaume das Gewicht des Kerns abgezogen werden und bei einer Orange das Gewicht der Schale. Es soll das Gewicht jeder einzelnen Fruchtsorte mit Hilfe der entsprechenden Formel ermittelt werden.

Wird das **"Weak Law of Demeter"** angewandt, so besitzen die Klassen `Apfel`, `Orange` und `Pflaume` jeweils eine eigene Methode mit der Bezeichnung `berechneGewicht()`, welche das Gewicht anhand des von der Klasse `Frucht` geerbten Attributes

56 In Java kann ein Objekt mithilfe von `public static` als global definiert werden.

gewicht und eines Prozentsatzes berechnet. Das folgende Beispiel zeigt die Implementierung der abstrakten Klasse Frucht, der Klasse Obstkorb und – beispielhaft für eine konkrete Frucht – der Klasse Apfel unter Berücksichtigung des **"Weak Law of Demeter"**:

```
// Datei: Frucht.java

public abstract class Frucht
{
   protected float gewicht = 1.0f;
   public abstract float berechneGewicht();
}

// Datei: Apfel.java

public class Apfel extends Frucht
{
   public float berechneGewicht()
   {
      return gewicht*0.85f;    // willkürlich gewählt
   }
}

// Datei: Obstkorb.java

import java.util.ArrayList;
import java.util.List;

public class Obstkorb
{
   private List<Frucht> fruechte = new ArrayList<Frucht>();

   public Obstkorb()
   {
      fruechte.add (new Apfel());
   }

   public float berechneGewicht()
   {
      float obstkorbGewicht = 0.0f;

      for(Frucht frucht : fruechte)
      {
         obstkorbGewicht += frucht.berechneGewicht();
      }
      return obstkorbGewicht;
   }
}
```

Während der Zugriff der abgeleiteten Klasse Apfel auf das Attribut gewicht der Basisklasse Frucht nach dem "Weak Law of Demeter" erlaubt ist, ist gerade dieser Zugriff nach dem "Strong Law of Demeter" unzulässig. Wird das "Strong Law of Demeter" befolgt, so kapselt die Wrapper-Methode berechneProzentualesGewicht(), welche sich in der Basisklasse Frucht befindet und von den abgeleiteten Klassen aufgerufen wird, den Zugriff auf das Attribut gewicht. Die abgeleiteten Klassen verfügen über keine Informationen bezüglich der Implementierung dieser Wrapper-Methode und der Attribute der Basisklasse.

Folgender Programmcode zeigt die Implementierung des Obstkorb-Beispiels unter Einhaltung des **"Strong Law of Demeter"**:

```
// Datei: Frucht.java

public abstract class Frucht
{
   private float gewicht = 1.0f;
   public abstract float berechneGewicht();
   protected final float berechneProzentualesGewicht (float prozent)
   {
      return gewicht * prozent;
   }
}

// Datei: Apfel.java

public class Apfel extends Frucht
{
   public float berechneGewicht()
   {
      return this.berechneProzentualesGewicht (0.85f);
   }
}

// Datei: Obstkorb.java

import java.util.ArrayList;
import java.util.List;

public class Obstkorb
{
   private List<Frucht> fruechte = new ArrayList<Frucht>();

   public Obstkorb()
   {
      fruechte.add (new Apfel());
   }

   public float berechneGewicht()
   {
      float obstkorbGewicht = 0.0f;

      for(Frucht frucht : fruechte)
      {
         obstkorbGewicht += frucht.berechneGewicht();
      }

      return obstkorbGewicht;
   }
}
```

An diesem Beispiel wird deutlich, dass eine durch das "Law of Demeter" eingeführte Wrapper-Methode weit mehr Funktionalität und Logik beinhaltet als eine reine get-Methode.

5.4.8 Bewertung

Das Gesetz von Demeter setzt sich wie die meisten Software-Entwurfsprinzipien mit der Abschwächung von Abhängigkeiten auseinander. Hierbei versucht es, durch das Verbot bestimmter Methodenzugriffe diese Abhängigkeiten abzuschwächen.

Ein unter Berücksichtigung des "Law of Demeter" entwickeltes Softwaresystem profitiert von einer besseren Strukturierung, welche eine **Verringerung der Abhängigkeiten** bewirkt.

Weitreichende Kopplungen werden **vermieden**, da sich nur direkt benachbarte Objekte kennen dürfen. Überdies werden die **Übersichtlichkeit**, **Wandelbarkeit**, **Testbarkeit** und **Wartbarkeit** stark erhöht. Passend hierzu trägt das Gesetz von Demeter oftmals auch die Bezeichnung "Law of Goodstyle" [Lie88, p. 323].

Mit der Aussage:

"[...] any object-orientated program written in bad style can be transformed systematically into a structured program obeying the Law of Demeter."

postulierten Lieberherr, Holland und Riel [Lie88, p. 324], dass das "Law of Demeter" allgemein auf jedes schlechte Softwaredesign mit Erfolg angewandt werden kann.

Das "Law of Demeter" ist nicht als überall geltend und als unanfechtbar anzusehen. Es ist eher als eine Art Richtlinie zu verstehen [Hol89, p. 13], an die man sich – sofern möglich – halten sollte.[57] Es gibt jedoch auch Fälle, in denen die Anwendung des "Law of Demeter" nicht sinnvoll ist. Beispielsweise dann, wenn die Anforderungen an die Performance eine höhere Priorität haben als zum Beispiel die Wandelbarkeit oder Wartbarkeit.

Vorteile des "Law of Demeter" sind:

- **Stabilität**

  Das Gesetz von Demeter hilft Softwareentwicklern, eine stabile und gut strukturierte Software zu erstellen.

- **Reduktion der Komplexität**

  Es gibt eine geringere Kopplung von Objekten. Dies führt zu einer besseren Verständlichkeit der Software, einer besseren Wandelbarkeit, Testbarkeit und Wartbarkeit.

Nachteile des "Law of Demeter" sind:

- **große Zahl an Übergabeparametern bei Wrapper-Methoden**

  Wrapper-Methoden zur Kommunikation erfordern nicht selten eine große Anzahl an Übergabeparametern [Hol89].

[57] Dies gilt nicht nur für das "Law of Demeter", sondern auch für andere Prinzipien.

- **Mehraufwand für Wrapper-Methoden**

  Das Schreiben von Wrapper-Methoden führt zu einem Mehraufwand in der Entwicklung.

- **Performance/Speicherbedarf**

  Die Implementierung einer Software unter Einhaltung des Gesetzes von Demeter kann zu einem geringfügigen Performance-Verlust oder einem etwas erhöhten Speicherbedarf führen [Hol89].[58]

5.5 Dependency Inversion Principle

Das **"Dependency Inversion Principle"**, abgekürzt als **DIP**, von Robert C. Martin betrachtet, wie man in einer **Aufrufhierarchie eines objektorientierten Systems** die Abhängigkeit aufrufender Module von aufgerufenen Modulen verhindert und stattdessen die aufgerufenen Module von den Aufrufern abhängig macht.

Damit wird eine **Umkehr der Abhängigkeiten** (engl. **dependency inversion**) in Hierarchien erreicht.

Durch Realisierung der Strategie des "Dependency Inversion Principle" werden Module höherer Ebenen auch in anderen Anwendungen wiederverwendbar.

Das "Dependency Inversion Principle" lautet:

- *"High-level modules should not depend upon low-level modules. Both should depend upon abstractions."*
- *"Abstractions should not depend upon details. Details should depend upon abstractions".*

5.5.1 Historie

Die erste Fassung des "Dependency Inversion Principle" erschien 1996 im Rahmen mehrerer Kolumnen zum Software Engineering mit C++ [Mar96]. Dieses Prinzip wurde durch das Buch "Agile Software Development: Principles, Patterns, and Practices" von Robert C. Martin im Jahre 2002 [Mar02] populär und ist seitdem in der Praxis weit verbreitet.

5.5.2 Problem

Bei seinen Überlegungen verwendet Robert C. Martin eine Abbildung von Grady Booch [Boo95]:

[58] Viele Entwurfsprinzipien führen zum Verlust von Performance oder zu einem erhöhten Speicherverbrauch.

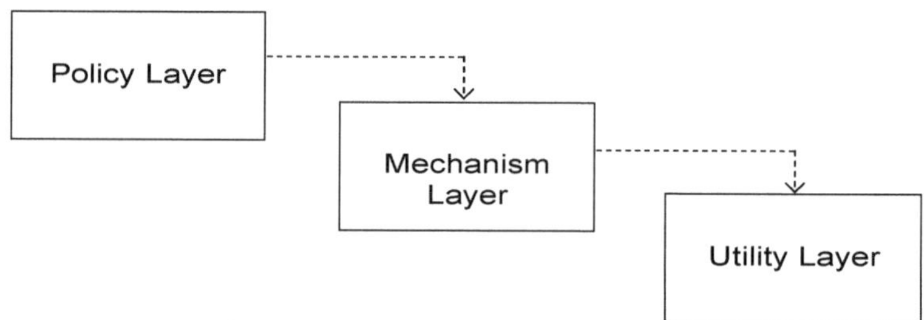

Abbildung 5-4 Module einer höheren Ebene rufen Module einer tieferen Ebene auf

Nach dem Prinzip von "Teile und Herrsche" entsteht komplexe Software durch die Zerlegung in immer feinere Module. Module werden oft in hierarchischen Ebenen angeordnet, welche die schrittweise Verfeinerung charakterisieren.

Dabei beschreibt nach Booch

- die oberste Ebene die Politik der Geschäftsprozesse,
- die nächste Ebene die Ebene der sogenannten "Mechanismen" und
- die letzte Ebene die Ebene der Hilfsdienste.

Eine jede dieser Ebenen bietet bestimmte Dienste an. Bei einem **klassischen Entwurf**, wie man es von der prozeduralen Technik gewöhnt ist, aber ebenso auch objektorientiert praktizieren kann, ruft eine Klasse einer höher stehenden Ebene eines objektorientierten Programms die Dienste einer Klasse einer tiefer stehenden Ebene auf und wird dadurch von dieser Klasse abhängig (Benutzungsabhängigkeit). Die Verwendung dieser klassischen Technik kann dazu führen, dass Änderungen, die auf unteren Ebenen durchgeführt werden, sich direkt auf die darüber liegenden Ebenen auswirken und dass die höheren Ebenen folglich ebenfalls geändert werden müssen. Umgekehrt können Module einer höheren Ebene nur bei Kenntnis von Methoden tieferer Ebenen überhaupt diese Methoden aufrufen.

In einem **klassischen Entwurf**, sei er prozedural wie Structured Analysis and Design oder objektorientiert, würde ein Modul einer höheren Ebene direkt eine Methode eines Moduls der untergeordneten Ebene aufrufen und würde dadurch von der tieferen Ebene abhängig werden.

5.5.3 Ziel

Das Ziel des "Dependency Inversion Principle" ist es, die starke Kopplung einer höheren Ebene an eine untergeordnete Ebene zu vermeiden und die **höheren Schichten wiederverwendbar** zu machen.

Das "Dependency Inversion Principle" von Martin betrachtet die Abhängigkeit von Modulen in Aufrufhierarchien. Dieses Prinzip lautet auf Deutsch:

- Ein Modul einer höheren Ebene soll nicht von einem Modul einer tieferen Ebene abhängig sein.
- Hingegen soll ein Modul einer tieferen Ebene wie auch die Module der höheren Ebene von einer **Abstraktion** abhängen.

Verständlicher interpretiert bedeutet das "Dependency Inversion Principle":

- Eine Klasse einer höheren Ebene soll nicht von einer Klasse einer tieferen Ebene abhängig sein.
- Die Klasse der **höheren Ebene** soll eine **Abstraktion** (eine Schnittstelle oder eine abstrakte Klasse) **ihrer benötigten Services** vorgeben [Mar13] und aggregieren. Damit definiert eine Klasse der höheren Ebene selbst die Services, welche sie braucht.
- Die tiefere Ebene muss sich also nach der Vorgabe der Abstraktion der Services einer höheren Ebene richten und muss diese implementieren bzw. davon ableiten.

Eine Klasse der höheren Ebene nutzt also die tiefere Ebene über die von ihr selbst vorgegebene Abstraktion, indem sie diese Abstraktion aggregiert.

Dependency Inversion ist nicht nur eine **Umkehr der Abhängigkeiten**, sondern auch eine **Umkehr des Besitzes der Abstraktion**.

Der **Servicenutzer** der höheren Ebene **definiert den Vertrag der Abstraktion**. Damit ist der Vertrag der Abstraktion genau auf den Servicenutzer zugeschnitten.[59]

Der Vertrag einer Abstraktion darf erst dann geändert werden, wenn der Servicenutzer seine Wünsche an seine eigenen Services ändert.

Die untergeordneten Klassen müssen der Abstraktion der höheren Ebene entsprechen. Damit erklärt sich auch der Begriff "Dependency Inversion": Durch die Anwendung von **Dependency Inversion** werden die **Abhängigkeitsbeziehungen**, die normalerweise aus einem klassischen Entwurf resultieren und die, wie in Abbildung 5-4 zu sehen ist, von oben nach unten verlaufen, **invertiert** und verlaufen stattdessen von unten nach oben.

Übergeordnete und untergeordnete Module sollen nach dem "Dependency Inversion Principle" von Robert C. Martin nur von der durch die höhere Ebene vorgegebenen Abstraktion abhängen.

Die Abhängigkeitsbeziehung zwischen den Modulen eines klassischen Entwurfs wird also zunächst durch zwei Abhängigkeiten ersetzt:

---

[59] Diese Architektur gilt nicht für jede beliebige Schichtenarchitektur, da nicht jede Ebene die Services der tieferen Schicht vorschreiben darf.

1. die Verwendung (**use-Beziehung, Benutzungsabhängigkeit**) einer Abstraktion.
2. die Abhängigkeit des Moduls der tieferen Ebene von der Abstraktion (**Realisierungsabhängigkeit**).

Das folgende Bild zeigt ein Beispiel dafür, dass eine Klasse einer höheren Ebene eine Schnittstelle als Abstraktion aggregiert und eine Klasse der tieferen Ebene diese Abstraktion implementiert:

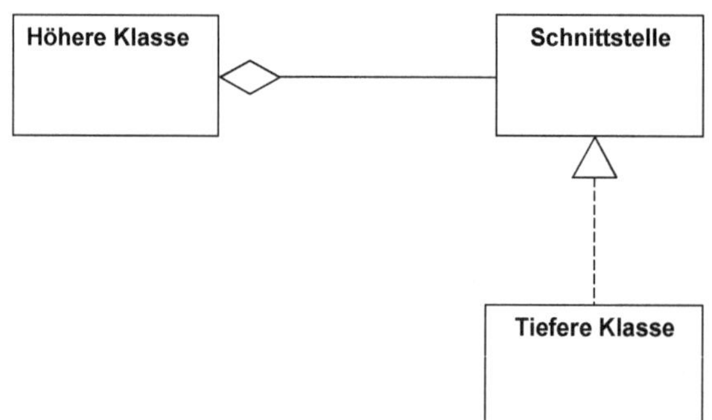

Abbildung 5-5 Beispielhafte Architektur zur Erzeugung von Dependency Inversion

Klassen einer höheren Ebene sollen also nicht durch die direkte Verwendung von Klassen einer tieferen Ebene von diesen Klassen abhängen.

Da die **höhere Klasse die Abstraktion ihrer Services selbst vorgibt**, ist sie von der Abstraktion de facto unabhängig, da sie Eigentümerin der Abstraktion ist. Dadurch wird die Abstraktion auf die höhere Ebene gehoben und die Realisierungsabhängigkeit ist von unten nach oben gerichtet.

An die Stelle einer Abstraktion können in Programmen zur Laufzeit nach dem liskovschen Substitutionsprinzip alle Module treten, welche diese Abstraktion implementieren bzw. davon ableiten und deren Vertrag nicht brechen.

Das liskovsche Substitutionsprinzip wird in Kapitel 6.2 beschrieben.

Das "Dependency Inversion Principle" – ebenso wie alle anderen Entwurfsprinzipien, welche mit Abstraktionen arbeiten – erlaubt verschiedene Implementierungen einer Abstraktion.

Die tieferen Module können nur dann unbemerkt ausgetauscht werden, wenn sie den **Vertrag**[60] **der durch die höhere Ebene vorgegebenen Abstraktion ihrer Services** erfüllen.

60 siehe Kapitel 6.1

Das "Dependency Inversion Principle" bietet für die Module der unteren Ebene alle Freiheiten, solange diese Module die vorgegebene Abstraktion implementieren und deren Verträge einhalten. Mit welchem Modul der unteren Ebene ein Modul der oberen Ebene zur Laufzeit kommuniziert, d. h., wie und von wem die Implementierung der Abstraktion gesetzt wird, ist nicht durch das Prinzip festgelegt. Möglich sind beispielsweise Techniken wie "Dependency Lookup" (siehe Kapitel 5.8.3) oder "Dependency Injection" (siehe Kapitel 5.8.4).

Durch die **Umkehr der Abhängigkeiten ("Dependency Inversion")** ist **eine einfache Wiederverwendung von Elementen einer höheren Ebene** möglich, da diese nicht mehr von Elementen tieferer Ebenen abhängen.

Die Architektur packt die Komponenten der höheren Ebene und die Abstraktionen, welche die Services der durch die tiefere Ebene zu erbringenden Leistungen definieren, in dasselbe Paket. Die Services der tieferen Ebene erben bzw. implementieren die Abstraktionen.

Außerdem können auch Klassen höherer Ebenen einfach unter Verwendung von **Mock-Objekten**[61] getestet werden, da die Implementierung der unteren Schicht komplett ausgetauscht werden kann, ohne die höhere Schicht zu beeinflussen.

Letztendlich kommt man zu dem Schluss, dass die Formulierung

- *"High-level modules should not depend upon low-level modules. Both should depend upon abstractions."*
- *"Abstractions should not depend upon details. Details should depend upon abstractions".*

nicht besonders verständlich formuliert ist, da die Vorgabe der Abstraktion durch die höhere Klasse nicht in der Formulierung des Prinzips erwähnt wird. Dieses Prinzip könnte also besser lauten:

- *"High-level modules should not depend upon low-level modules."*
- *"High-level modules should define the services which they need by defining abstractions."*
- *"Low-level modules should depend on abstractions defined by high-level modules."*

5.5.4 Bewertung

Das "Dependency Inversion Principle" ist ein grundlegender Mechanismus zur Abschwächung von Abhängigkeiten in Aufrufhierarchien. Es führt dazu, dass Module der Ebene der Geschäftsprozesse und der Mechanismus-Schicht nicht von der nächst tieferen Ebene abhängen, wie es in Abbildung 5-4 zu sehen war. Die Module der Ge-

61 Mock-Objekte bilden echte Objekte beim Testen nach. Während ein Stub-Objekt allgemein nur zeigt, dass die Aufruf-Schnittstelle erfüllt ist und beim Testen irgendwelche Dummy-Daten liefert, erzeugt ein Mock-Objekt zu einem Testfall passende Daten, die aber keine echten Daten sind.

schäftsprozesse und der Mechanismus-Schicht geben ihre Service-Schnittstellen selbst vor und werden dadurch von der jeweils tieferen Ebene unabhängig.

Vorteile des "Dependency Inversion Principle" sind:

- **Unabhängigkeit von den Modulen einer tieferen Ebene**

  Module einer höheren Ebene hängen nicht von einer tieferen Ebene ab. Die Module der höheren Ebene geben die Abstraktion ihrer Services selbst vor.

- **Wiederverwendbarkeit von Modulen der höheren Ebene**

  Da die Module der höheren Ebene nicht von Modulen der tieferen Ebene abhängen, sind sie wiederverwendbar.

- **Austausch der Implementierung**

  Bleibt die Abstraktion gleich, so können Implementierungen ausgetauscht werden. Der Austausch der Implementierungen bringt insbesondere beim Testen mit Mock-Objekten einen Nutzen.

Nachteile des "Dependency Inversion Principle" sind:

- **Komplexität**

  Es gibt mehr Schichten durch die Einführung der Abstraktionen. Durch die Einführung von Abstraktionen enthält der Entwurf zusätzliche Klassen bzw. Schnittstellen. Der Entwurf wird dadurch komplexer.

- **Anpassungen durch Adapter**

  Falls die untere Ebene wie im Falle einer Datenbank bereits existiert, ist ein Adapter erforderlich, der die untere Ebene auf die existierende, von der oberen Ebene vorgegebene Abstraktion abbildet.

5.5.5 Programmbeispiel

Das Vorgehen nach dem "Dependency Inversion Principle" soll an einem kleinen Beispielprogramm gezeigt werden. Die folgende Klasse `UpperClass` enthält die Methode `tueEtwas()`, welche beispielhaft für eine kleine Anwendung zu sehen ist. Die Anwendung – also die Klasse `UpperClass` – nutzt einen einfachen Log-Mechanismus[62]. Bei diesem Log-Mechanismus schreibt jede aufgerufene Methode der Anwendung zu Beginn ihrer Ausführung eine Informationszeile in das Log. Der Log-Mechanismus ist in der Klasse `Logger` implementiert.

Im Folgenden werden zunächst die Klassen `UpperClass` und `Logger` in einer Implementierung gezeigt, welche das "Dependency Inversion Principle" nicht einhält. Hier nun zuerst die Klasse `UpperClass`:

---

[62] Der Log-Mechanismus wird in diesem Beispielprogramm in einer tieferen Klasse implementiert. Seine Funktionalität ist bewusst einfach gehalten und spielt in diesem Zusammenhang keine Rolle. Wichtig ist nur, wie die Klasse später im Rahmen der Refaktorisierung nach dem "Dependency Inversion Principle" behandelt wird.

```
public class UpperClass {

  private Logger logger = new Logger();

  public void tueEtwas() {
     logger.logBeginnVon("tueEtwas");
     // hier kann etwas Anwendungsspezifisches stehen
  }
}
```

Die Klasse `Logger` implementiert den bereits vorgestellten Log-Mechanismus und stellt die Methode `logBeginnVon()` zur Verfügung, die zu Beginn einer Methode aufgerufen werden soll, wobei der Name der Methode zu übergeben ist:

```
public class Logger {

  public void logBeginnVon(String name) {
     System.out.println("Am Beginn von Methode " + name);
  }
}
```

Das folgende Hauptprogramm in der Klasse `Test` instanziiert die Klasse `UpperClass` und startet die Anwendung durch Aufruf der Methode `tueEtwas()`:

```
public class Test {
  public static void main(String[] args) {

      UpperClass app = new UpperClass();
      app.tueEtwas();
  }
}
```

Hier nun die Log-Ausgabe bei einem Ablauf des Programms:

Die Ausgabe des Programms ist:

```
Am Beginn von Methode tueEtwas
```

Die Beispielanwendung in der Klasse `UpperClass` arbeitet mit einem Objekt der Klasse `Logger` und ist damit direkt von dieser Klasse abhängig. Soll etwa der Log-Mechanismus geändert werden, beispielsweise damit die Log-Informationen in einer Datenbank gespeichert werden anstatt sie auf der Konsole auszugeben, muss die Anwendung neu übersetzt und erzeugt werden.

Diese Abhängigkeit der Anwendung von einer tieferen Klasse soll nun durch Anwendung des "Dependency Inversion Principle" beseitigt werden. Dazu muss die Struktur des Beispielsprogramms entsprechend verändert werden. Im ersten und wichtigsten Schritt gibt die höhere Klasse `UpperClass` ein **Interface** vor, in welchem die gewünschte Schnittstelle für den Log-Mechanismus festgelegt wird:

```
public interface ILogger {
  void logBeginnVon(String name);
}
```

Die Klasse `UpperClass` muss nun im nächsten Schritt so modifiziert werden, dass dieses Interface `ILogger` auch genutzt wird. Zur leichteren Unterscheidung soll die modifizierte Klasse `UpperClassDIP` genannt werden. Damit die Klasse `UpperClass-DIP` von einer konkreten Logger-Klasse unabhängig wird, darf sie das Log-Objekt nicht selbst erzeugen. Die Erzeugung muss daher aus der Klasse `UpperClassDIP` in eine weitere Instanz ausgelagert werden. Für die Erzeugung können nun Mechanismen wie "Dependency Lookup" oder "Dependency Injection" eingesetzt werden. Die im Folgenden gezeigte Klasse `UpperClassDIP` stellt einen Konstruktor für einen Injektor (Constructor Injection, siehe Kapitel 5.8.4) zur Verfügung:

```
public class UpperClassDIP {

  private ILogger logger;

  public UpperClassDIP (ILogger log)
  {
    logger = log;
  }

  public void tueEtwas() {
     logger.logBeginnVon("tueEtwas");
     // hier kann etwas Anwendungsspezifisches stehen
  }
}
```

Als Ergebnis der bisherigen Modifikationen hängt die Klasse `UpperClassDIP` nur von dem Interface `ILogger` ab, welches aber von der Klasse `UpperClassDIP` selbst vorgegeben wird.

Nun kann die Klasse `Logger` angepasst werden. Die neue Klasse `LoggerDIP` **implementiert das vorgegebene Interface** `ILogger` mit der Methode `logBeginnVon()`:

```
public class LoggerDIP implements ILogger {

  public void logBeginnVon(String name) {
     System.out.println("Am Beginn von Methode " + name);
  }
}
```

Beim Starten der Anwendung muss über den Konstruktor der Klasse `UpperClassDIP` ein konkretes Log-Objekt, welches das Interface `ILogger` implementiert, injiziert werden. Der Einfachheit halber spielt das Hauptprogramm in der folgenden Klasse `TestDIP` auch die Rolle des Injektors:

```
public class TestDIP {

  public static void main(String[] args) {

      UpperClassDIP app = new UpperClassDIP(new LoggerDIP());
      app.tueEtwas();
  }
}
```

Existieren verschiedene Klassen, welche das Interface `ILogger` implementieren und unterschiedliche Log-Mechanismen unterstützen – wie beispielsweise Loggen in eine Datenbank oder Loggen mittels eines kommerziellen Logging-Tools –, kann nun beim Instanziieren der Anwendung – im vorgestellten Beispiel ist es die Instanziierung der Klasse `UpperClassDIP` im Hauptprogramm der Klasse `TestDIP` – entschieden werden, welcher konkrete Log-Mechanismus eingesetzt werden soll. Die Klasse `UpperClassDIP` ist davon nicht betroffen.

5.6 Interface Segregation Principle

Das **"Interface Segregation Principle"** von Robert C. Martin, abgekürzt als **ISP**, befasst sich mit der **Kohäsion von Schnittstellen.**

Eine Schnittstelle sollte nach dem "Interface Segregation Principle" nur solche Methodenköpfe enthalten, welche zusammengehörig sind und sich lediglich auf die Anforderungen ihrer jeweiligen Clients beschränken.

Dies bedeutet, dass vorliegende "breite" Schnittstellen in kleinere Schnittstellen aufgeteilt werden müssen. Die Clients erhalten also nur Schnittstellen, die sie jeweils tatsächlich nutzen. Damit besteht keine Abhängigkeit von nicht benötigten Schnittstellen.

In [Mar02, p. 137] lautet die Formulierung:

"Clients should not be forced to depend upon methods that they do not use."

Clients sollten nicht gezwungen werden, von Methoden abhängig zu sein, die sie gar nicht brauchen.

Sogenannte **"fette" oder "polluted" Schnittstellen**, die zu breit sind und vom Client nicht benötigte Methoden enthalten, sind zu **vermeiden**.

Die Anwendung dieses Prinzips erfordert die Analyse jeder einzelnen Methode einer Schnittstelle. Es ist hierbei zu prüfen, ob eine betrachtete Methode wirklich von jedem Client benötigt wird. Ist dies nicht der Fall, so muss überlegt werden, welche Methoden in welcher Kombination von einem Client oder einer Gruppe von Clients verwendet werden sollen. Jedem Client oder jeder Gruppe von Clients wird daraufhin eine individuell angepasste **Rollen-Schnittstelle**[63] zur Verfügung gestellt.

[63] Siehe Martin Fowler in [Fow06].

5.6.1 Historie

Das "Interface Segregation Principle" wurde von Robert C. Martin während eines Auftrags bei der Firma XEROX, die u. a. Drucker und Multifunktionsgeräte herstellt, entwickelt. Veröffentlicht wurde es 1996 in [Ma296].

5.6.2 Ziel

Wandelbare Anwendungen müssen in verschiedene Features aufgeteilt werden mit so wenig Überlapp wie möglich. Das Ziel ist die Minimierung der Wechselwirkung der verschiedenen Features, um eine lose Kopplung zwischen Clients und eine starke Kohäsion in einem herausgegriffenen Client zu erreichen.

Um dieses Ziel zu erreichen, sollte eine Schnittstelle nur eng zusammenhängende Methodenköpfe enthalten, die der Client selbst benötigt. Damit kann die Schnittstelle eines anderen Clients nicht in unabsichtlicher Weise beschädigt werden, wenn ein Client andere Methodenköpfe erhält.

Clients sollen nur Methodenköpfe erhalten, deren Methoden sie auch tatsächlich nutzen (Rollen-Schnittstellen).

5.6.3 Konzeptionelles Beispiel für das "Interface Segregation Principle"[64]

Die Beispiele dieses Kapitels sind an die Problematik im XEROX-Projekt von Robert C. Martin angelehnt.

Im folgenden Beispiel soll die Klasse `Multifunktionsdrucker` Methoden für den Zugriff auf einen Multifunktionsdrucker in einer Schnittstelle bereitstellen. Dieser Drucker sollte die Funktionen Drucken, Scannen und Kopieren beinhalten. Ein Client greift über die Schnittstelle `IMultifunktionsdrucker` auf die implementierten Methoden zu.

Dies zeigt die folgende Abbildung:

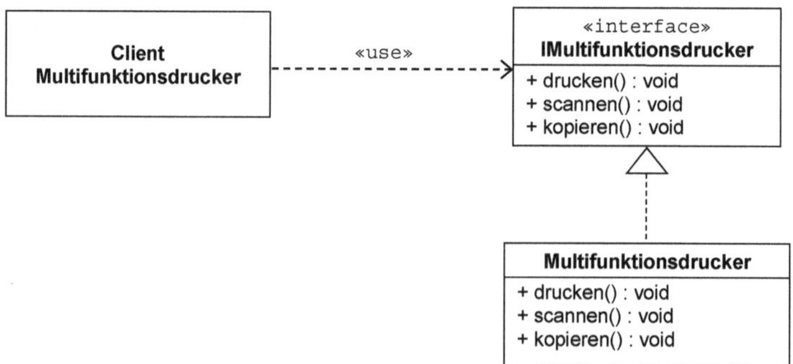

Abbildung 5-6 Beispiel mit einem einzigen Client und einer einzigen Schnittstelle

[64] Ein Programmbeispiel zum ISP ist auf dem begleitenden Webauftritt zu finden.

Hier kann man nach dem "Interface Segregation Principle" dem "Client Multifunktionsdrucker" problemlos eine Schnittstelle mit drei Methodenköpfen für das Drucken, Scannen und Kopieren anbieten, da er diese Methoden auch tatsächlich verwendet.

Im folgenden Bild soll das System um zwei weitere Clients erweitert werden, einen "Client Drucker" und einen "Client Scanner":

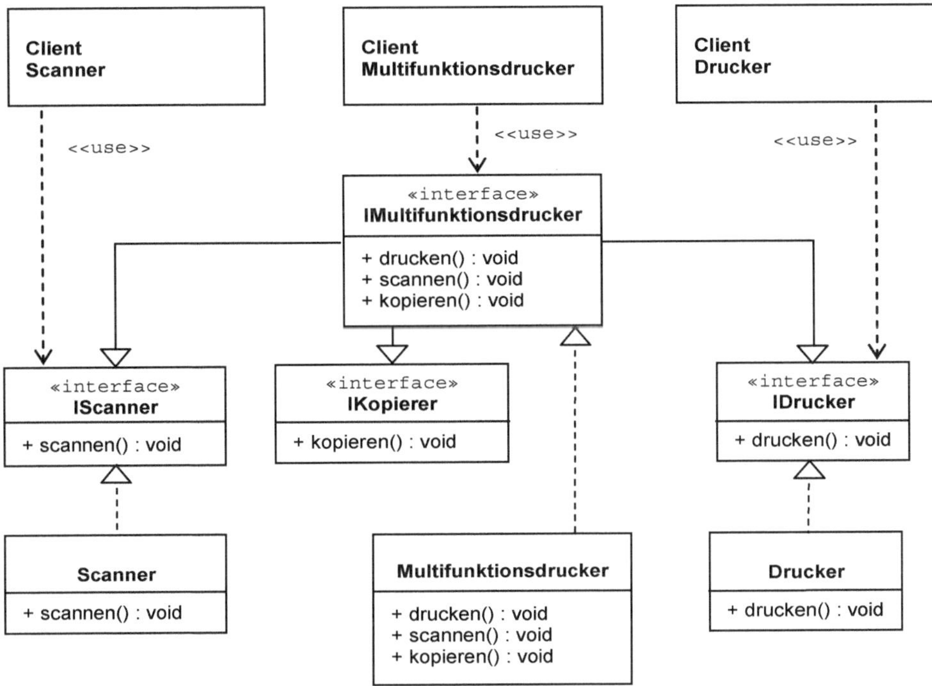

Abbildung 5-7 Beispiele für die Einhaltung des "Interface Segregation Principle"

Der "Client Drucker" soll allerdings nur die Druckfunktion des Multifunktionsdruckers verwenden und der "Client Scanner" nur die Scan-Funktion.

Es wäre zwar möglich, dass der "Client Drucker" und der "Client Scanner" ebenfalls die Schnittstelle `IMultifunktionsdrucker` verwenden. Eine solche Lösung würde jedoch gegen das "Interface Segregation Principle" verstoßen, da der "Client Drucker" die Methoden `kopieren()` und `scannen()` überhaupt nicht verwenden würde, genauso wenig wie der "Client Scanner" die Methoden `drucken()` und `kopieren()`. Nach dem "Interface Segregation Principle" soll jedem Client eine eigene **Rollen-Schnittstelle** zur Verfügung gestellt werden, welche lediglich die von ihm benötigten Methodenschnittstellen anbietet.

In Abbildung 5-7 sind zwei neue Implementierungsklassen zu sehen, die eigentlich für die Darstellung des "Interface Segregation Principle" nicht notwendig wären. Sie zeigen jedoch, dass man aus der Einführung von Rollen-Schnittstellen weitere Vorteile ziehen kann: Nun sind auch schmälere Implementierungsklassen möglich wie beispielsweise die zwei neu eingeführten Klassen `Scanner` und `Drucker`. Würden diese Klassen die

Schnittstelle `IMultifunktionsdrucker` (vgl. Abbildung 5-6) implementieren, müssten sie leere Methoden enthalten oder Methoden, die nur Exceptions werfen, um formal die Bedingung zu erfüllen, dass alle Methoden der Schnittstelle implementiert werden.

5.6.4 Bewertung

Durch die Anwendung des "Interface Segregation Principle" verwenden Clients stets nur solche Rollen-Schnittstellen, deren Methoden sie auch tatsächlich nutzen.

Das "Interface Segregation Principle" führt zu folgenden **Vorteilen**, welche zu einem einfacheren Code mit weniger Abhängigkeiten führen:

- **leichte Identifikation der benötigten Methoden**

  Ein nutzender Client wird genau gegen diejenige Rollen-Schnittstelle entwickelt, deren Methoden der Client benötigt und auch tatsächlich aufruft. Ein mühsames Heraussuchen der relevanten Methoden aus einer zu breiten Schnittstelle wird vermieden und es werden nicht fälschlicherweise von den Entwicklern die falschen Methoden bearbeitet.

- **Gliederung von Schnittstellen nach Aufgabenbereichen**

  Schmälere Schnittstellen können nach Aufgabenbereichen gegliedert sein. Solche Schnittstellen können treffende Namen erhalten.

- **Abschwächung von Abhängigkeiten**

  Die Wechselwirkungen werden reduziert. Dies führt zu "Loose Coupling and Strong Cohesion". Wenn mehrere Clients eine große, gemeinsame Schnittstelle hätten, könnte die Änderung eines Methodenkopfes für einen Client einen anderen Client beschädigen.

- **schmälere Implementierungsklassen**

  Wenn man die Schnittstellen der Clients aufteilt, kann man auch "schmälere" Implementierungsklassen bauen.

- **Vermeiden leerer Methoden im Implementierer einer Schnittstelle**

  Ohne das Konzept einer Rollen-Schnittstelle wäre jede implementierende Klasse gezwungen, die entsprechende "fette" Schnittstelle komplett zu implementieren. Ggf. müssten dabei leere Methoden bzw. Exceptions eingeführt werden, welche einem Client keinen Nutzen bringen, aber formal die Bedingung erfüllen, dass alle Methoden der Schnittstelle implementiert sind.

Ein **Nachteil** ist aber

- **die Erhöhung der Anzahl der Schnittstellen**

  Die Einführung von individuellen Rollen-Schnittstellen für die Clients erhöht die Anzahl der Schnittstellen.

5.7 Single Responsibility Principle

Das "Single Responsibility Principle"[65] nach Robert C. Martin [marsrp] ist das erste der bekannten SOLID-Prinzipien von Robert C. Martin.

Nach Robert C. Martin sollten Dinge, die sich aus verschiedenen Gründen **ändern**, getrennt werden: Für die Veränderung eines Software-Moduls sollte es nur einen einzigen Grund geben.

5.7.1 Historie

Das **"Single Responsibility Principle"**, abgekürzt **SRP**, wurde nicht wie die anderen SOLID-Prinzipien von Robert C. Martin im Rahmen von "The C++ Record" [marsrp] im Jahre 1996 veröffentlicht, sondern wurde getrennt davon erst im Jahre 2002 publiziert [Mar02].

Robert C. Martin leitete das "Single Responsibility Principle" nach eigenen Angaben aus der **"Strong Cohesion"** (siehe Kapitel 5.1) ab, welche auf die Arbeiten von Larry Constantine in den sechziger Jahren zu "Loose Coupling and Strong Cohesion" zurückgeht. Hierbei führte Martin das "Single Responsibility Principle" auf die Arbeiten von Tom DeMarco [DeM79] und Meilir Page-Jones [Pag88] zurück. Sowohl Tom DeMarco als auch Meilir Page-Jones analysierten "Loose Coupling" und "Strong Cohesion". Martin bezieht sich jedoch in [Mar12] explizit auf deren Arbeit zur Kohäsion.

Das Qualitätsmerkmal "Strong Cohesion" ist begrifflich generell schwer zu charakterisieren. Daher gab es verschiedene Ansätze, den Begriff zu präzisieren bzw. durch ausdrucksstärkere Wörter zu ersetzen. So ist auch der Ansatz von Robert C. Martin zu sehen.

Im Zusammenhang mit dem "Single Responsibility Principle" verschob Martin den ursprünglichen Begriff der **"Kohäsion"** etwas von dem inneren Zusammenhang der Elemente eines Moduls hin zu den **Kräften**, die eine Klasse **zu einer Änderung bringen**.

Mit dem **einzigen Änderungsgrund** einer **Klasse** liegt durch das "Single Responsibility Principle" eine neue Interpretation der **starken Kohäsion** vor.

Martin stellte für dieses Prinzip im Jahre 2002 die folgende Regel auf:

*"There should never be more than one reason for a **class** to change."*

War das "Single Responsibility Principle" in seiner Ursprungsform nur für Klassen gedacht, bezog Robert C. Martin im Mai 2014 dieses Prinzip nicht mehr nur speziell auf Klassen, sondern **allgemein auf Software-Module** [Mar14].

65 "Responsibility" bedeutet auf Deutsch "Verantwortlichkeit".

Hier die Erweiterung von Martin:

"The Single Responsibility Principle (SRP) states that ***each software module*** *should have one and only one reason to change."*

Martin schrieb dort ferner:

"Gather together the things that change for the same reasons. ***Separate those things that change for different reasons."***

Dinge, die sich aus **verschiedenen Gründen ändern**, müssen **getrennt** werden.

"A reason to change" charakterisiert eine sogenannte **Verantwortlichkeit** (engl. **responsibility**) einer Klasse [Mar12]. Gibt es mehrere Gründe, warum ein Modul geändert werden kann, so bedeutet das, dass sich mehrere Verantwortlichkeiten in diesem Modul befinden.

Nach Robert C. Martin [Mar14] steckt hinter jeder **Verantwortlichkeit** im Sinne eines Geschäftsprozesses stets das **Interesse einer einzelnen Person oder einer Gruppe von Personen**. So schrieb Martin:

". . . remember that the reasons for change are people. It is people who request changes."

5.7.2 Ziel

Ein Modul hat nach dem "Single Responsibility Principle" nur eine **einzige Verantwortlichkeit** und ist dann stark zusammenhängend, wenn es nur eine **einzige Kraft** gibt, die auf das Modul wirkt und damit zur Änderung dieses Moduls führen kann.

Mehrere Verantwortlichkeiten innerhalb eines Moduls führen zu einer Erhöhung des Fehlerrisikos, da bei einer Änderung einer Verantwortlichkeit leicht eine andere Verantwortlichkeit beschädigt werden könnte.

Mehrere Verantwortlichkeiten innerhalb eines Moduls dürfen nicht vorhanden sein.

Hat in der Praxis ein Modul zu viele Beziehungen zu anderen Modulen, so sollte überprüft werden, ob das betrachtete Modul nicht zu viele Verantwortlichkeiten enthält.

5.7.3 Vergleich des "Single Responsibility Principle" mit "Separation of Concerns"

Nach dem **"Single Responsibility Principle"** sollte jedes Modul nur eine einzige Verantwortlichkeit haben. Alle Teile eines Moduls sollen zur Erfüllung ein und derselben Aufgabe beitragen. Demnach sollte man Module aufgrund ihrer Verantwortlichkeiten unterscheiden, um Änderungen der Verantwortlichkeiten leichter in verschiedenen Modulen umsetzen zu können.

Das ist im Sinne des Prinzips **"Separation of Concerns"**. Dieses Prinzip ist **allgemeingültig** und befasst sich nicht speziell mit Programmen.

Die beiden Prinzipien "Single Responsibility Principle" und "Separation of Concerns" sind jedoch eng miteinander verwandt.

Man kann **"Separation of Concerns"** als einen **Prozess der Zerlegung** komplexer Systeme in einzelne Belange betrachten.

Das **"Single Responsibility Principle"** kann als ein **Designprinzip** für die **Modularisierung** von Programmen angesehen werden.

Das **"Single Responsibility Principle"** gilt für Klassen bzw. Module, "Separation of Concerns" hingegen ist ein **elementares Ordnungsprinzip**.

5.7.4 Bewertung

Die folgenden **Vorteile** des "Single Responsibility Principle" werden gesehen:

- **Fehlervermeidung**

  Unbeabsichtigte Beschädigungen anderer Module werden vermieden.

- **Begriff der Kohäsion**

  Der Wert der Arbeit von Robert C. Martin zum "Single Responsibility Principle" ist auch darin zu sehen, dass Martin die Kohäsion eines Moduls über den Begriff einer "einzigen Verantwortlichkeit" durch Betrachten der Änderungswahrscheinlichkeit eines Moduls in verständlicher Form formulierte. Damit wurde in neuer Form gedeutet, was man unter einer starken Kohäsion versteht.

- **weltweite Verbreitung**

  Robert C. Martin verstand es, seine Idee in der Informatik weltweit zu vermitteln.

Die folgenden **Nachteile** werden gesehen:

- **Fassbarkeit der Verantwortlichkeit**

  Die Verantwortlichkeit ist oft sehr schwer zu beurteilen. Nur wenn die Verantwortlichkeit klar umrissen ist, kann das Prinzip überhaupt angewandt werden.

- **Einseitigkeit**

  Andere Aspekte einer starken Köhäsion werden nicht gesehen.

- **zu starke Modularisierung**

  Eine zu konsequente Anwendung des "Single Responsibility Principle" könnte zu einer zu starken Modularisierung führen.

- **Schwierigkeit der Umsetzung**

  Inhaltlich kann das "Single Responsibility Principle" als eines der einfachsten Entwurfsprinzipien verstanden werden, bezüglich seiner Umsetzung gehört es jedoch zu den schwierigsten [Mar12, p. 98]. Es stellt sich dabei nämlich immer die Frage, in welcher Granularität man zerlegen soll.

Ist man sich ganz sicher, dass die Verantwortlichkeiten niemals getrennt voneinander geändert werden müssen, dann ist es nicht nötig, diese aufzuteilen. Eine unnötige Trennung der Verantwortlichkeiten könnte im Gegenteil zum Auftreten einer überflüssigen Komplexität[66] führen [Mar12, p. 97].

5.8 Die Konzepte "Dependency Lookup" und "Dependency Injection"

Beide Konzepte sind keine Entwurfsprinzipien, sind aber von großer Bedeutung bei der Abschwächung von Abhängigkeiten, welche bei der direkten Erzeugung von Objekten durch ein anderes Objekt entstehen.

5.8.1 Ziel

Wenn ein Objekt einer nutzenden Klasse das von ihm benötigte Objekt einer anderen Klasse selbst erzeugt, dann entsteht eine weitere Abhängigkeit, nämlich eine sogenannte create-Abhängigkeit, da die Klasse des erzeugenden Objekts Informationen über die Klasse des erzeugten Objekts statisch im Quellcode halten muss und damit von diesen Informationen abhängig ist.

Die folgende Abbildung zeigt eine solche create-Abhängigkeit:

[66] Überflüssige Komplexität ("Needless Complexity") ist eine der "smells", die Robert C. Martin einführte, um schlechte Eigenschaften von Software zu beschreiben [Mar12, p. 88].

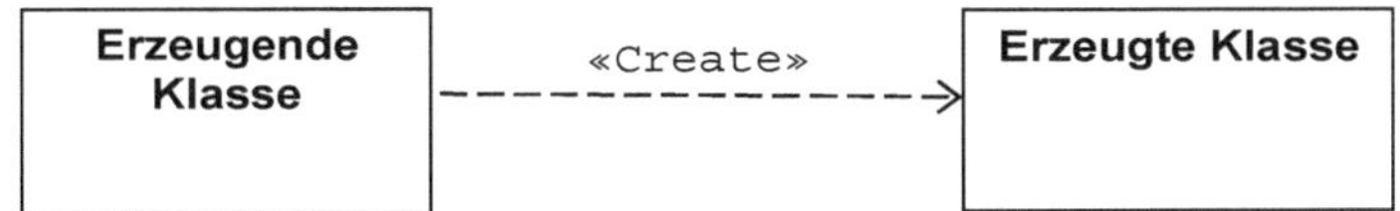

Abbildung 5-8 Neue Abhängigkeit durch die Erzeugung eines Objekts

Create-Abhängigkeiten sollen explizit vermieden werden.

5.8.2 Lösungsalternativen

Die Konzepte "Dependency Lookup" und "Dependency Injection" verfolgen beide das Ziel, direkte create-Abhängigkeiten in einem Programm zu vermeiden und die Erzeugung von Objekten an eine außenstehende Instanz zu delegieren.

Für **"Dependency Lookup"** und **"Dependency Injection"** gilt:

Damit ein Objekt ein benötigtes Objekt überhaupt verwenden kann, ist es erforderlich, dass eine **Abstraktion der Klasse des benötigten Objekts** im Programm des benutzenden Objekts enthalten ist. Das benutzende Objekt kann die Methoden des benutzten Objekts nur dann aufrufen, wenn es dessen Abstraktion kennt.

In beiden Fällen hat das benutzende Objekt keine Kontrolle darüber, wann ein Objekt und welches konkrete Objekt erzeugt wird. Beim Injektor der "Dependency Injection" erfolgt das Erzeugen ohne irgendeinen Einfluss durch das benutzende Objekt. Bei "Dependency Lookup" hingegen erfolgt das Suchen nach einem Objekt im Register bzw. dessen Erzeugung durch das Register erst dann, wenn das benutzende Objekt den Suchauftrag erteilt hat.

Im Folgenden wird der Ablauf der Konzepte "Dependency Lookup" und "Dependency Injection" kurz beschrieben:

- **Dependency Lookup**

  Bei "Dependency Lookup" sucht ein Objekt, das ein anderes Objekt braucht, nach diesem Objekt etwa in einem Register (engl. registry), um die Verknüpfung mit diesem Objekt herzustellen. Durch den Suchvorgang behält das suchende Objekt die Kontrolle, wann gesucht wird. Zur Suche benötigt das suchende Objekt beispielweise nur den Namen des gesuchten Objekts und ist von diesem Objekt weitgehend entkoppelt. Aber natürlich hängt das suchende Objekt dann vom Register ab.

- **Dependency Injection**[67]

  Hier wird die Erzeugung von Objekten und die Zuordnung von Abhängigkeiten zwischen Objekten an eine eigens dafür vorgesehene Instanz, den **Injektor**, delegiert.

[67] Der Begriff "Dependency Injection" wurde zum ersten Mal von M. Fowler in [Fow04] benutzt, um dieses Konzept von der "Inversion of Control" abzugrenzen. "Dependency Injection" gilt in der Literatur oft als Entwurfsmuster, "Dependency Lookup" jedoch nicht.

Der Injektor bestimmt, wann ein Objekt erzeugt wird. Der Injektor ist von allen beteiligten Objekten abhängig. Die Objekte sind untereinander selbst nicht abhängig.

5.8.3 Das Konzept "Dependency Lookup"

Eine ursprüngliche create-Abhängigkeit zwischen der Klasse des nutzenden Objekts und der Klasse des benötigten Objekts wird bei "Dependency Lookup" durch eine schwächere Abhängigkeitsbeziehung zwischen der Klasse des nutzenden Objekts und der **Abstraktion der Klasse des benötigten Objekts** ersetzt.

Die Abstraktion wird in der Regel – wie auch im Falle der "Dependency Injection" – mit Hilfe einer Schnittstelle oder einer abstrakten Basisklasse definiert.[68]

Um das benötigte Objekt zu finden und die Verknüpfung mit diesem herzustellen, benötigt das suchende Objekt lediglich einen **eindeutigen Schlüssel** wie beispielsweise einen eindeutigen Namen für das gesuchte Objekt. Hierbei muss das suchende Objekt nicht die konkrete Klasse des gesuchten Objekts kennen.

"Dependency Lookup" bedeutet, dass ein Objekt seine **Verknüpfung** mit einem anderen Objekt **zur Laufzeit** erstellt, indem es nach diesem anderen Objekt zur Laufzeit mit einem **Schlüssel** in einer zentralen Instanz wie einem Register sucht. Hierzu muss es das betreffende Register kennen.

Das suchende Objekt ist aber weiterhin von der Abstraktion der Klasse des gesuchten Objektes abhängig, die es kennen muss, um das gesuchte Objekt überhaupt verwenden zu können.

Das gesuchte Objekt kann selbst wieder weitere Abhängigkeiten zu anderen Objekten haben. Ob diese weiteren Abhängigkeiten bereits aufgelöst sind oder nicht, hängt von der Anwendung ab. Prinzipiell kann die Suche rekursiv fortgesetzt werden, bis alle Abhängigkeiten aufgelöst sind. Dadurch können die Verknüpfungen sehr flexibel hergestellt werden, was beispielsweise bei Objekten von Vorteil ist, die von Frameworks erzeugt werden, aber noch Verknüpfungen zu anderen Objekten der Anwendung benötigen.

5.8.3.1 Realisierung über ein Register

Zur Umsetzung des Konzepts "Dependency Lookup" gibt es beispielsweise die Möglichkeit, als zentrale Instanz ein Register anzulegen. Hierauf wird im Folgenden eingegangen. Ein Register ermöglicht das Registrieren der Objekte unter einem Schlüssel. Die erzeugten Objekte werden registriert, also in das Register eingetragen.

---

[68] Andere Typen wie z. B. Delegates in C# sind auch möglich.

Die Beziehung zwischen einem suchenden und einem gesuchten Objekt wird aber nicht statisch verlinkt, sondern durch den Schlüssel wird diese Beziehung **dynamisch zur Laufzeit** hergestellt, was zu einer gewissen Entkopplung führt und Abhängigkeiten abschwächt.

Wird ein Objekt für eine Verknüpfung benötigt, wird im Register zum Beispiel über den Objektnamen nach einem entsprechenden Objekt gesucht. Das Register liefert eine Referenz auf das gesuchte Objekt zurück, womit dann eine Verknüpfung hergestellt werden kann.

5.8.3.2 Programmbeispiel "Dependency Lookup" mit Hilfe eines Registers

Im Folgenden wird die Idee des "Dependency Lookup" anhand eines Beispiels verdeutlicht. Als Beispiel wird ein Plotter betrachtet, dessen Aufgabe es ist, eine Reihe von Daten, die von einer Datenquelle – also einem Objekt – erzeugt werden, aufzubereiten und grafisch darzustellen.

Die Klasse `Plotter` aggregiert die Schnittstelle `IDatenquelle`, welche auf verschiedene Arten realisiert werden kann. In diesem Beispiel wird die Schnittstelle `IDatenquelle` von der Klasse `Datenquelle` realisiert. Alle vorhandenen Realisierungen einer Datenquelle werden in einem Register verwaltet. Die Klasse `Plotter` verwendet das Register, um eine konkrete Datenquelle auszuwählen, damit die in der konkreten Datenquelle enthaltene Datenreihe dann dargestellt werden kann. Hier die Schnittstelle `IDatenquelle`:

```java
// Datei: IDatenquelle.java

import java.awt.Point;
import java.util.List;

public interface IDatenquelle
{
   List<Point> holeDatenreihe();
}
```

In der Klasse `Datenquelle` wird eine konkrete Datenreihe aus Zufallszahlen generiert:

```java
// Datei: Datenquelle.java

import java.awt.Point;
import java.util.ArrayList;
import java.util.List;
import java.util.Random;

public class Datenquelle implements IDatenquelle
{
   @Override
   public List<Point> holeDatenreihe()
   {
      List<Point> datenreihe = new ArrayList<>();
      Random zufallszahlenGenerator = new Random();
```

```
      // Erzeuge mindestens 2, maximal 31 Punkte
      int anzahlPunkte = zufallszahlenGenerator.nextInt (30) + 2;

      // Startpunkt liegt zwischen -29 und 0
      int startPunkt = -zufallszahlenGenerator.nextInt (30);

      for (int x = startPunkt; x < anzahlPunkte; x++)
      {
         // Zufälliger Y-Wert im Bereich [-20,19]
         datenreihe.add (
               new Point (
                     x,
                     zufallszahlenGenerator.nextInt (40) - 20
               )
         );
      }
      return datenreihe;
   }
}
```

Die Klasse `Register` dient in diesem Beispiel der Verwaltung aller existierenden Datenquellen in einem Register. Bei der Klasse `Register` wurde das **Singleton-Muster** eingesetzt, da von dieser Klasse nur ein einziges Objekt existieren darf. Diese Klasse `Register` kann nicht nur Datenquellen verwalten, sondern es können bei ihr beliebige Objekte registriert werden. Nachfolgend der Quelltext der Klasse `Register`:

```
// Datei: Register.java

import java.util.HashMap;

/***
 * Verwaltet beliebig viele Objekte. Jedes Objekt wird durch einen
 * eindeutigen String-Schluessel registriert und kann ueber diesen
 * angefordert werden.
 */

public class Register
{
   private static Register registerInstanz = null;
   private HashMap<String, Object> objekte = new HashMap<>();

   private Register(){}

   public static Register holeInstanz()
   {
      if (registerInstanz == null)
      {
         registerInstanz = new Register();
      }
      return registerInstanz;
   }

   public Object frageObjektAb (String bezeichner)
   {
      return objekte.get (bezeichner);
   }
```

```
   public void registriereObjekt (String bezeichner, Object objekt)
   {
      this.objekte.put (bezeichner, objekt);
   }
}
```

In der folgenden Klasse `Plotter` wird die Ausgabe der Datenreihe eines Objekts auf der Konsole generiert. Hierbei soll im Wesentlichen gezeigt werden, wie ein Objekt der Klasse `Plotter` mit Hilfe eines Registers eine Datenquelle finden und dann die in dieser Datenquelle enthaltene Datenreihe ausgeben kann. Die Ausgabe ist in der Methode `plot()` der Klasse `Plotter` zu sehen:

```
// Datei: Plotter.java

import java.awt.Point;
import java.util.List;

public class Plotter
{
   private List<Point> datenreihe = null;

   public void plot()
   {
      Register register = Register.holeInstanz();

      IDatenquelle datenquelle;
      datenquelle = (IDatenquelle)
            register.frageObjektAb ("Datenquelle");

      if (datenquelle == null)
      {
         return;
      }

      datenreihe = datenquelle.holeDatenreihe();

      for (Point punkt : datenreihe)
      {
         String formatierteAusgabe = String.format
         (
               "(%d,%d)",
               (int)punkt.getX(),
               (int)punkt.getY()
         );
         System.out.println (formatierteAusgabe);
      }
   }
}
```

Die `main()`-Methode der folgenden Klasse `TestPlotter` erzeugt eine Datenquelle und registriert das erzeugte Objekt unter dem Namen `"Datenquelle"` im Register. Der Plotter, der anschließend gestartet wird, kann über das Register mit Hilfe dieser Bezeichnung auf die Datenquelle zugreifen und dieses Objekt benutzen.

Hier der Quellcode der Klasse `TestPlotter`:

```
// Datei: TestPlotter.java

public class TestPlotter
{
   static public void main (String[] args)
   {
      Register register = Register.holeInstanz();

      // Objekt mit Namen "Datenquelle" in Register erzeugt
      register.registriereObjekt
      (
            "Datenquelle",
            new Datenquelle()
      );

      // Start Plotter
      Plotter plotter = new Plotter();
      plotter.plot();
   }
}
```

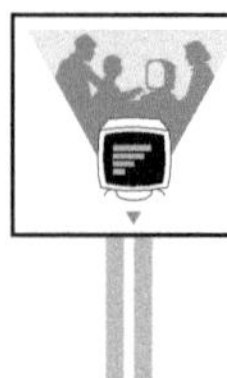

Ein Ausschnitt der Programmausgabe ist beispielsweise:

```
(-8,-10)
(-7,16)
(-6,0)
(-5,13)
(-4,-8)
```

Die folgende Abbildung zeigt eine von diesem Plotter gezeichnete Datenreihe:

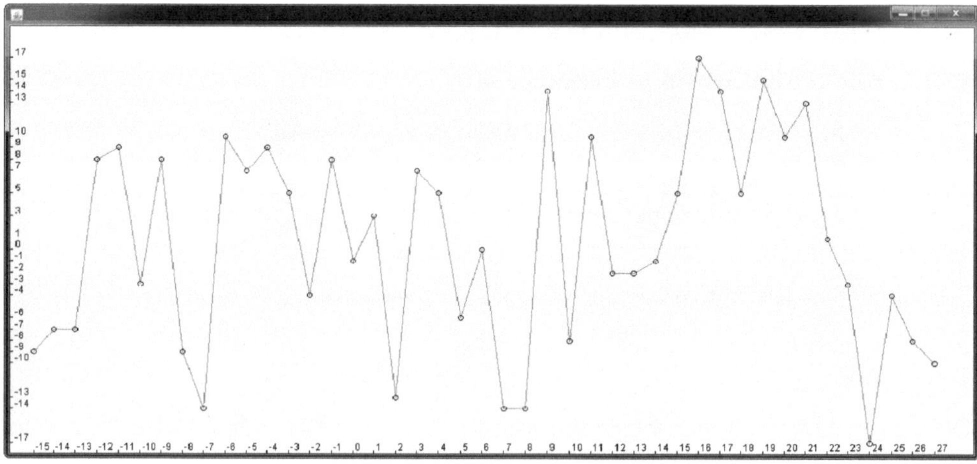

Abbildung 5-9 Geplottete Datenreihe

Auf dem begleitenden Webauftritt ist ein weiteres Beispiel, in welchem ein Plotter die Datenreihe in grafischer Form ausgibt, enthalten.

5.8.4 Das Konzept "Dependency Injection"

Das Konzept "Dependency Injection" wurde von Martin Fowler entwickelt.

Auch wenn das Konzept "Dependency Injection" zur Erzeugung von Objekten in der Literatur oftmals mit dem Begriff "Inversion of Control" verbunden wird, folgen wir diesem Gedanken nicht. Wir folgen hier **Martin Fowler** [Fow04]:

"Inversion of Control is too generic a term, and thus people find it confusing. As a result with a lot of discussion with various (Inversion of Control) advocates we settled on the name ***Dependency Injection****."*

Der Begriff "Inversion of Control" wird in diesem Buch nur im Zusammenhang mit der Umkehrung des Kontrollflusses verwendet.

Objekte müssen oft Kenntnisse ihrer Umgebung mitbringen und sind dadurch fest mit anderen Objekten "verdrahtet". Ein Vorgehen, um diese festen "Verdrahtungen" zu lösen, ist "Dependency Injection". Die Abhängigkeiten zwischen Komponenten sollen dadurch abgeschwächt werden, indem eine neue Komponente – oftmals **Injektor** genannt – zur Verwaltung der vorhandenen Komponenten eingeführt wird.

Eine **Injektion** ist das Übergeben einer Referenz auf ein anderes Objekt an ein Objekt, welches dieses andere Objekt nutzt.

Der Injektor hat das Wissen über die benötigten Verbindungen und steuert dann zur Laufzeit, welche Objekte für die einzelnen Abhängigkeiten erzeugt werden. Dabei kennt ein Objekt den Injektor nicht.

Bei "Dependency Injection" kennt weder das benutzende Objekt, das ein anderes Objekt injiziert bekommt, noch das injizierte Objekt den Injektor.

Bei "Dependency Injection" ist es einem Objekt nicht erlaubt, benötigte Objekte selbst zu erstellen oder nach ihnen zu suchen. Die neue Komponente des **Injektors** übernimmt bei der Objekterzeugung komplett eigenständig die **Kontrolle von außen**.

Mit "Dependency Injection" können einem Objekt beim Hochfahren des Systems alle benötigten anderen Objekte, die es braucht, zur Verfügung gestellt werden. Auf diese Weise kann ein Objekt die von ihm benötigten anderen Objekte zur Laufzeit benutzen, ohne zur Kompilierzeit deren konkrete Klassen zu kennen.

"Dependency Injection" löst keineswegs Abhängigkeiten vollkommen auf, ist aber ein Hilfsmittel für die Abschwächung von Abhängigkeiten.

Es besteht stets eine Abhängigkeit des nutzenden Objekts von der **Abstraktion der Klasse des benötigten Objektes**, denn sonst könnte das nutzende Objekt nicht auf das benötigte Objekt zugreifen.

Als Abstraktion kann entweder eine Schnittstelle oder eine abstrakte Klasse verwendet werden, wobei in der Praxis Schnittstellen bevorzugt werden.

Man unterscheidet zwischen drei **Varianten der "Dependency Injection"**:

- **Constructor Injection**

  Die Klasse des benutzenden Objekts definiert einen Konstruktor zum direkten Setzen der Abhängigkeiten durch den Injektor.

- **Setter Injection**

  Die Klasse des benutzenden Objekts stellt Methoden zur Verfügung, mit denen man Abhängigkeiten festlegen kann.

- **Interface Injection**

  Die Klasse des benutzenden Objekts muss eine Schnittstelle implementieren, um zur Laufzeit Abhängigkeiten, die sie benötigt, vom Injektor zur Verfügung gestellt zu bekommen.

Für diese drei Varianten werden in den folgenden Unterkapiteln Beispiele gegeben, die zeigen, wie der Ansatz der "Dependency Injection" eingesetzt werden kann, um Abhängigkeiten beim Erzeugen von Objekten innerhalb eines Programms abzuschwächen. Im folgenden Unterkapitel wird die erste Variante "Constructor Injection" anhand eines Beispiels erläutert. Anschließend wird dieses Beispiel in den darauffolgenden Unterkapiteln modifiziert, um auch die beiden anderen Varianten "Interface Injection" und "Setter Injection" jeweils getrennt für sich zu erklären.

5.8.4.1 Programmbeispiel für "Constructor Injection"

In dem hier gezeigten Beispiel wird die Klasse `AusgabeSteuerung` eingeführt. Sie soll die Ausgabe eines Strings auf verschiedene Weisen durchführen können. Wie die gewünschte Ausgabe funktioniert, soll der Klasse `AusgabeSteuerung` zur Kompilierzeit noch nicht bekannt sein, sondern soll erst zur Laufzeit von einem Injektor durch Übergabe des entsprechenden konkreten Objektes der Klasse `AusgabeDienst` festgelegt werden.

Im Folgenden die Klasse `AusgabeSteuerung`:

```
// Datei: AusgabeSteuerung.java

public class AusgabeSteuerung
{
   private IAusgabeDienst ausgabeDienst;

   // Konstruktor für Constructor Injection
   public AusgabeSteuerung (IAusgabeDienst konkreterDienst)
   {
```

```
      ausgabeDienst = konkreterDienst;
   }

   // Text ausgeben
   public void gebeTextAus (String text)
   {
      ausgabeDienst.gebeStringAus (text);
   }
}
```

Damit in der Methode `gebeTextAus()` eine Ausgabe des übergebenen Textes erfolgen kann, erhält die Klasse `AusgabeSteuerung` im Konstruktor eine Referenz auf eine Schnittstelle `IAusgabeDienst`, welche zur Laufzeit auf eine konkrete Ausgabedienst-Klasse zeigen muss. Die Schnittstelle `IAusgabeDienst` gibt den Methodenkopf für die Methode `gebeStringAus()` vor, die von allen Klassen, welche diese Schnittstelle implementieren, zur Verfügung gestellt werden muss. Hier die Schnittstelle `IAusgabeDienst`:

```
// Datei: IAusgabeDienst.java

public interface IAusgabeDienst
{
   void gebeStringAus (String ausgabe);
}
```

Diese Schnittstelle ist erforderlich, damit die Klasse `AusgabeSteuerung` kompiliert werden kann. Damit das Programm lauffähig wird, werden konkrete Ausgabedienst-Klassen benötigt, die in der Lage sind, eine Ausgabe durchzuführen. Damit diese Klassen zur Laufzeit an die Stelle der Schnittstelle treten können, müssen sie die Schnittstelle `IAusgabeDienst` implementieren. Im Folgenden zwei Beispiele für konkrete Ausgabedienste:

```
// Datei: KonsolenAusgabeDienst.java

public class KonsolenAusgabeDienst implements IAusgabeDienst
{
   @Override
   public void gebeStringAus (String ausgabe)
   {
      System.out.println (ausgabe);
   }
}
```

```
// Datei: DateiAusgabeDienst.java

import java.io.PrintWriter;
import java.io.FileNotFoundException;

public class DateiAusgabeDienst implements IAusgabeDienst
{
   @Override
   public void gebeStringAus (String ausgabe)
   {
      try(PrintWriter out = new PrintWriter ("ausgabe.txt"))
      {
         out.println (ausgabe);
      } catch (FileNotFoundException e) {
```

```
            e.printStackTrace();
        }
    }
}
```

Die gezeigten Klassen KonsolenAusgabeDienst und DateiAusgabeDienst unterscheiden sich in der Implementierung ihrer Methode gebeStringAus(). Ein Objekt der Klasse KonsolenAusgabeDienst gibt den der Methode gebeStringAus() übergebenen String an der Konsole aus, während ein Objekt der Klasse DateiAusgabeDienst den String in einer neuen Textdatei ablegt.

Die Zuordnung der Abhängigkeiten zur Laufzeit übernimmt in diesem Beispiel die Klasse Injektor. Sie verwendet den Konstruktor, welchen die Klasse AusgabeSteuerung zur Verfügung stellt, um ein Objekt einer konkreten Ausgabedienst-Klasse zur Laufzeit zu injizieren. Der Einfachheit halber erfolgt dies im Hauptprogramm, das in die Klasse Injektor integriert ist. Im Folgenden wird die Klasse Injektor dargestellt:

```
// Datei: Injektor.java

public class Injektor
{
   public static void main (String[] args)
   {
      IAusgabeDienst dienst = new KonsolenAusgabeDienst();

      // Constructor Injection
      AusgabeSteuerung steuerung = new AusgabeSteuerung (dienst);
      // Nutzung des lauffaehigen Objekts
      steuerung.gebeTextAus ("Constructor Injection");
   }
}
```

Die Klasse Injektor übergibt dem Objekt steuerung der Klasse AusgabeSteuerung beim Aufruf des Konstruktors eine Referenz auf ein Objekt der konkreten Klasse KonsolenAusgabeDienst.[69] Damit wird das Objekt, auf das die Referenz steuerung zeigt, lauffähig und die Ausgabe erfolgt über die Konsole.

Die Ausgabe des Programms ist:

```
Constructor Injection
```

Durch die Injektion des benötigten Objekts von außen durch den Injektor verschiebt sich die create-Abhängigkeit (vgl. Kapitel 5.8.1) hin zum Injektor. Dieser hat nun die Verantwortung für die Erzeugung des benötigten Objekts und dadurch muss die nutzende Klasse die Klasse des benötigten Objekts nicht mehr kennen. Stattdessen kennt die nutzende Klasse nur eine **Abstraktion der Klasse des benötigten Objekts**. Somit wird die ursprüngliche **Abhängigkeit zwar abgeschwächt**, löst sich jedoch nicht vollständig

[69] In diesem Beispiel ist die Wahl des zu erzeugenden Objekts im Injektor statisch festgelegt. Häufig erhält der Injektor die Information, welches konkrete Objekt erzeugt werden soll, über eine Konfigurationsdatei.

auf. Diese Abstraktion wird meist als Schnittstelle implementiert wie auch in dem in diesem Kapitel gezeigten Beispiel.

5.8.4.2 Programmbeispiel für eine "Setter Injection"

Das Beispiel aus Kapitel 5.8.4.1 wird in diesem Kapitel verändert, um die Implementierung einer "Setter Injection" zu zeigen. Bei einer "Setter Injection" muss die von weiteren Objekten abhängige Klasse eine oder mehrere Methoden zur Verfügung stellen, mit deren Hilfe der Injektor die **Abhängigkeiten zur Laufzeit** festlegen kann.

In dem betrachteten Beispiel wird deshalb die aus dem letzten Kapitel bekannte Klasse `AusgabeSteuerung` um die Methode `setAusgabeDienst()` erweitert:

```
// Datei: AusgabeSteuerung.java

public class AusgabeSteuerung
{
   private IAusgabeDienst ausgabeDienst;
   //...
   public AusgabeSteuerung()
   {
    ...
   }

   // Setzen des konkreten Ausgabedienstes
   public void setAusgabeDienst (IAusgabeDienst konkreterDienst)
   {
      ausgabeDienst = konkreterDienst;
   }

   //...
}
```

Diese `set`-Methode wird von der Methode `main()` der Klasse `Injektor` benutzt, um zur Laufzeit ein Objekt einer konkreten Klasse `DateiAusgabeDienst` zu injizieren:

```
// Datei: Injektor.java

public class Injektor
{
   public static void main (String[] args)
   {
      AusgabeSteuerung steuerung = new AusgabeSteuerung();

      // Setter Injection
      steuerung.setAusgabeDienst (new DateiAusgabeDienst());
      // Nutzung des lauffaehigen Objekts
      steuerung.gebeTextAus ("Setter Injection");
   }
}
```

Die Klasse `Injektor` injiziert in diesem Beispiel eine Referenz auf ein Objekt der Klasse `DateiAusgabeDienst`. Die Ausgabe erfolgt also in eine Textdatei im Projektpfad des Programms.

Die Ausgabe des Programms in die Textdatei ist:

```
Setter Injection
```

Auch hier findet eine Verschiebung der create-Abhängigkeit hin zum Injektor statt. Die nutzende Klasse ist nun von der Schnittstelle als **Abstraktion der Klasse des benötigten Objekts** abhängig anstatt von der konkreten Klasse eines benötigten Objekts. Dadurch wird die Abhängigkeit wie bei der "Constructor Injection" abgeschwächt, jedoch nicht vollständig entfernt.

5.8.4.3 Programmbeispiel für eine "Interface Injection"

In diesem Kapitel wird das vorliegende Beispiel aus Kapitel 5.8.4.1 abgeändert, um die Durchführung einer "Interface Injection" zu ermöglichen. Für eine "Interface Injection" wird eine zusätzliche Schnittstelle benötigt, welche einen Methodenkopf für eine Methode vorgibt, die es dem Injektor ermöglicht, eine Injektion der Abhängigkeiten zur Laufzeit durchzuführen. Die Klasse, welche eine Abhängigkeit zu einem benötigten Objekt aufweist, muss diese Schnittstelle implementieren und die Methode `injiziereDienst()` zur Verfügung stellen.

Im vorliegenden Beispiel wird die Schnittstelle `IAusgabeDienstInjektion` eingeführt[70], welche den Methodenkopf für die Methode `injiziereAusgabeDienst()` vorgibt:

```
// Datei: IAusgabeDienstInjektion.java

public interface IAusgabeDienstInjektion
{
   void injiziereAusgabeDienst (IAusgabeDienst ausgabeDienst);
}
```

Die Klasse `AusgabeSteuerung` implementiert diese Schnittstelle und muss die Methode `injiziereAusgabeDienst()` zur Verfügung stellen:

```
// Datei: AusgabeSteuerung.java

public class AusgabeSteuerung implements IAusgabeDienstInjektion
{
   private IAusgabeDienst ausgabeDienst;
   //...

   @Override
   public void injiziereAusgabeDienst (IAusgabeDienst ausgabeDienst)
   {
      this.ausgabeDienst = ausgabeDienst;
   }
   //...
}
```

[70] Da der Injektor diese Schnittstelle nutzt, wird die Schnittstelle in der Regel auch vom Injektor vorgegeben. Dadurch wird die Abhängigkeit zwischen dem Injektor und dem Objekt, in das injiziert werden soll, abgeschwächt.

Die Klasse `Injektor` kann nun diese Methode benutzen, um ein Objekt einer konkreten Klasse eines Ausgabediensts zur Laufzeit zu injizieren:

```
// Datei Injektor.java

public class Injektor
{
   public static void main (String[] args)
   {
      AusgabeSteuerung steuerung = new AusgabeSteuerung();

      // Interface Injection
      steuerung.injiziereAusgabeDienst (new KonsolenAusgabeDienst());
      // Nutzung des lauffaehigen Objekts
      steuerung.gebeTextAus ("Interface Injection");
   }
}
```

Hier injiziert die Klasse `Injektor` eine Referenz auf ein Objekt der Klasse `KonsolenAusgabeDienst`. Die Ausgabe erfolgt also auf der Konsole.

Die Ausgabe des Programms ist:

```
Interface Injection
```

Auch bei der "Interface Injection" wird die ursprüngliche create-Abhängigkeit (vgl. Kapitel 5.8.1) zwischen der nutzenden Klasse und dem Objekt einer benötigten Klasse aufgelöst. Stattdessen entsteht durch die Einführung einer Schnittstelle für die **Klasse des benötigten Objekts als Abstraktion** eine schwächere Abhängigkeitsbeziehung zwischen der nutzenden Klasse und dieser Abstraktion.

5.8.5 Vergleichende Bewertung "Dependency Lookup" und "Dependency Injection"

"Dependency Lookup" und "Dependency Injection" helfen, Abhängigkeiten bei der Erzeugung von Objekten abzuschwächen.

Beide Ansätze verfolgen die Strategie, die Erzeugung von benötigten Objekten an eine außenstehende Instanz zu delegieren. In beiden Fällen ist jedoch im Programm eine **Abhängigkeit des nutzenden Objekts von der Abstraktion der Klasse des gesuchten Objekts** notwendig, damit das nutzende Objekt die Methoden des benötigten Objekts aufrufen kann.

Es handelt sich also in beiden Fällen um keine vollständige Beseitigung der Abhängigkeiten.[71]

[71] Würden Abhängigkeiten vollständig beseitigt, könnten die betreffenden Objekte nicht wechselwirken.

Das Objekt einer nutzenden Klasse behält bei **"Dependency Lookup"** die Kontrolle darüber, wann es nach einem Objekt einer benötigten Klasse sucht. Bei "Dependency Lookup" sucht ein Objekt seine von ihm benötigten Objekte über einen ihm zur Verfügung stehenden Dienst (z. B. über ein Register). Hierdurch entsteht eine **dynamische Abhängigkeit** zwischen dem Dienst und dem suchenden Objekt. Um diese Suche durchführen zu können, braucht das suchende Objekt jedoch eine spezifische **Schlüsselinformation** für das Auffinden des gesuchten Objekts. Diese Schlüsselinformation muss sowohl dem suchenden Objekt als auch dem Dienst, welcher das gesuchte Objekt zur Verfügung stellt, bekannt sein. Der Dienst muss nach der Übergabe des Schlüssels das gesuchte Objekt zurückliefern. Damit wird die Abhängigkeit **der nutzenden Klasse** von der **Abstraktion der Klasse des gesuchten Objekts** durch die erforderliche Kenntnis der Schlüsselinformation noch verstärkt. Hinzu kommt noch, dass das suchende Objekt auch den Dienst kennen muss.

Bei **"Dependency Injection"** gibt das Objekt einer nutzenden Klasse die Kontrolle über die Zuweisung der Abhängigkeit zu einem benötigten Objekt einer konkreten Klasse vollständig an den Injektor ab. Bei "Dependency Injection" bleibt wie bei "Dependency Lookup" eine schwächere Abhängigkeit zwischen einer nutzenden Klasse und dem Objekt einer benötigten Klasse bestehen. Es findet bei "Dependency Injection" eine **Verschiebung der create-Abhängigkeit hin zum Injektor** statt und die **nutzende Klasse** ist wie bei "Dependency Lookup" von einer **Abstraktion der Klasse eines benötigten Objekts** abhängig. Diese Abstraktion wird meist als Schnittstelle implementiert. Dadurch kann zur Laufzeit ohne Aufwand jedes beliebige Objekt, dessen Klasse diese Schnittstelle zur Kompilierzeit implementiert, den Platz der Schnittstelle als Abstraktion einnehmen, wodurch ein hohes Maß an Flexibilität erreicht wird.

Die Umsetzungsmöglichkeiten **"Setter Injection"** und **"Interface Injection"** haben gegenüber der "Constructor Injection" den Vorteil, dass das **injizierte, benötigte Objekt** durch einen entsprechenden Methodenaufruf **ausgetauscht** werden kann.

"Constructor Injection" wird dagegen eingesetzt, wenn eben diese **Austauschbarkeit zur Laufzeit** von den Entwicklern **nicht gewünscht** ist.

Bei **"Dependency Lookup"** bestimmt nicht nur die Abstraktion die Auswahl der gesuchten Objekte, sondern zusätzlich auch der zur Suche verwendete statische Schlüssel und die Kenntnis beispielsweise des Registers, wodurch eine **stärkere Abhängigkeit** entsteht **als bei "Dependency Injection"**. "Dependency Injection" wird in der Praxis auch gerne bei automatisierten Tests wie z. B. bei Unit Tests eingesetzt. Durch "Dependency Injection" ist es sehr einfach, bei zu testenden Klassen **Mock-Objekte** anstatt echter benötigter Objekte zu injizieren, wodurch sich die Entwickler das Aufsetzen einer aufwendigen Testumgebung ersparen.

Beide Ansätze, "Dependency Lookup" und "Dependency Injection", sind sehr hilfreich bei der Abschwächung von Abhängigkeiten, wenn Objekte erzeugt werden sollen.

In der Praxis wird heute vor allem der Ansatz "Dependency Injection" verwendet, da bei diesem Ansatz die benutzenden Objekte unabhängig vom Injektor bleiben. Sie kennen den Injektor nicht einmal.

"Dependency Lookup" hat gegenüber "Dependency Injection" an Bedeutung verloren. "Dependency Lookup" genießt inzwischen mehr ein historisches Interesse.

Sowohl das Register als auch der Injektor können so implementiert werden, dass sie eine Konfigurationsdatei einlesen, auf deren Basis die benötigten Objekte erzeugt werden. Durch Austausch der Konfigurationsdatei kann entschieden werden, welche Version des Programms gestartet werden soll.

5.9 Zusammenfassung

Durch "Loose Coupling and Strong Cohesion" (siehe Kapitel **5.1**) wird gefordert, dass die verschiedenen Module eines Systems aufgrund ihrer innewohnenden starken Kohäsion und ihrer wechselseitigen schwachen Kopplung separierbar sind. Aus diesen Forderungen resultiert letztendlich der Zugriff eines Moduls auf andere Module über Schnittstellen. "Loose Coupling and Strong Cohesion" stammt noch aus der prozeduralen Welt, gilt aber allgemein. Für die Konstruktion von Systemen ist "Loose Coupling and Strong Cohesion" nach wie vor von grundliegender Bedeutung. Das Prinzip "Single Responsibility Principle" kann man als Konsequenz von "Loose Coupling and Strong Cohesion" betrachten, das "Law of Demeter" als dessen objektorientierte Ausprägung.

Das Prinzip "Information Hiding" (siehe Kapitel **5.2**) beruht auf der Absicht, Programmcode, der zusammengehörig ist und eventuell noch im Fluss ist, in eigene Module zu kapseln. Damit werden Design-Entscheidungen verborgen. Das Verbergen der Implementierung eines Moduls hinter einer schmalen Schnittstelle erlaubt es, Implementierungen abzuändern, ohne andere Module zu beeinträchtigen.

"Separation of Concerns" (siehe Kapitel **5.3**) ist ein allgemeines Ordnungsprinzip und fordert, die verschiedenen Concerns (dt. Belange) eines Systems sauber gegeneinander abzugrenzen.

Das "Law of Demeter" (siehe Kapitel **5.4**) projiziert "Loose Coupling and Strong Cohesion" auf die objektorientierte Welt. Es spezifiziert letztendlich, welche Methodenzugriffe objektorientiert erlaubt sind, und sorgt hierdurch für einen "schüchternen" Code, bei dem ein Objekt nur seinen direkten Nachbarn kennen darf, nicht aber über einen direkten Nachbarn auf den übernächsten Nachbarn zugreifen darf.

Das "Dependency Inversion Principle" (siehe Kapitel **5.5**) verlangt für die Module einer Hierarchie, dass die Module der höheren Ebene die Abstraktion ihrer Services selbst definieren. Dadurch wird eine höhere Ebene unabhängig von einer tieferen Ebene und wird wiederverwendbar. Ein Modul der tieferen Ebene implementiert die von der höheren Ebene vorgegebene Abstraktion. Dies erlaubt einen beliebigen Austausch der Implementierung der tieferen Ebene. Als Implementierung der tieferen Ebene können beispielsweise auf einfache Weise Mock-Objekte eingesetzt werden.

Das "Interface Segregation Principle" (siehe Kapitel **5.6**) fordert, dass Clients nur Schnittstellen erhalten sollen, deren Methoden sie auch tatsächlich nutzen (Rollen-Schnittstellen).

Das "Single Responsibility Principle" (siehe Kapitel **5.7**) postuliert, dass ein Modul nur eine einzige Verantwortlichkeit hat. Damit werden bei Änderungen einer Verantwortlichkeit unbeabsichtigte Beschädigungen anderer Module vermieden.

"Dependency Lookup" und "Dependency Injection" (siehe Kapitel **5.8**) sind beides Konzepte, um bei der Erzeugung von Objekten Abhängigkeiten abzuschwächen. Aber eine Restabhängigkeit zu dem erzeugten Objekt bleibt auf jeden Fall bestehen: Das nutzende Objekt muss die Abstraktion der Klasse des erzeugten Objektes kennen. Bei Verwendung des Konzepts "Dependency Lookup" werden Informationen über die Objekte in einer zentralen Instanz wie einem Register gespeichert. Diese Informationen sind bei Kenntnis der zentralen Instanz über einen Suchschlüssel zugänglich. Damit muss das suchende Objekt nicht mehr alle Details des gesuchten Objekts kennen wie beispielsweise dessen konkrete Klasse, was zu einer Abschwächung der Abhängigkeiten führt. Bei "Dependency Injection" generiert der Injektor alle Objekte und Verbindungen. Alle beteiligten Objekte kennen den Injektor nicht und sind daher von diesem unabhängig.

Kapitel 6

Entwurfsprinzipien und Konzepte für korrekte Programme

J. Goll, *Entwurfsprinzipien und Konstruktionskonzepte der Softwaretechnik*,
https://doi.org/10.1007/978-3-658-25975-4_6

6 Entwurfsprinzipien und Konzepte für korrekte Programme

Bei dem Begriff **"Korrektheit"** kann man zwei Dimensionen unterscheiden:

- einerseits die **korrekte Konstruktion der Software** durch die Entwickler (**innere Qualität**),
- andererseits aber auch den **Erfüllungsgrad der Kundenforderungen** (**äußere Qualität**).

Dass Software korrekt – also ohne Fehler – konstruiert wird, ist die Pflicht der Entwickler.

Maßnahmen, um die **Korrektheit der Konstruktion eines Systems** zu erreichen, sind im Wesentlichen:

- ein **"shared understanding"** im Team für den betrachteten Problembereich, die Vision des zukünftigen Systems, die Architektur des Systems und den jeweils aktuellen Stand des Projekts,
- **Fehlervermeidung** z. B. durch die Verwendung gemeinsamer Methoden im Team,
- **Einfachheit** aller Erzeugnisse,
- **Überprüfungen** der Spezifikationen bzw. Programme z. B. durch Reviews oder Tests und
- das Festlegen von **Beziehungen zwischen Objekten** (Design by Contract, siehe Kapitel 6.1) und die **Einhaltung des liskovschen Substitutionsprinzips** für Programme, die polymorphe Objekte verwenden können sollen (siehe Kapitel 6.2).

Es kann sein, dass der Kunde zufälligerweise Konstruktionsfehler anhand von Laufzeitfehlern erkennt. Im Prinzip jedoch weiß der Kunde bis zur Wartung nichts über die Konstruktion der Software. Der Kunde kann daher in der Regel nur den Erfüllungsgrad seiner eigenen Forderungen überprüfen (**Korrektheit als äußere Qualität**). Ein System soll das tun, was von ihm verlangt wird. Aber selbst wenn ein Konstruktionsfehler der Software vom Kunden zunächst gar nicht sofort bemerkt werden würde, muss ein System intern korrekt konstruiert werden (**Korrektheit als innere Qualität**), da es ansonsten mit Sicherheit zu einem späteren Zeitpunkt zu Fehlern kommt.

Korrektheit als innere Qualität ist die wichtigste aller Eigenschaften einer Software. Das Erfüllen weiterer Qualitätsmerkmale ist nutzlos, wenn ein System falsch konstruiert ist.

Um objektorientierte Programme korrekt zu schreiben, ist es wichtig, dass ein Programm die gewünschten Beziehungen zwischen seinen Klassen einhält. Dazu muss man aber erst in der Lage sein, die gewünschten Beziehungen zwischen Klassen überhaupt formulieren zu können.

Bertrand Meyer hat sich um die **Beziehungen zwischen Klassen** gekümmert.

Bertrand Meyer hat im Rahmen von **"Design by Contract"** sogenannte **Verträge** als **Spezifikation der Beziehungen** zwischen Klassen eingeführt.

"Design by Contract" und Verträge werden in Kapitel 6.1 erläutert.

Verträge werden durch sogenannte **Vorbedingungen, Nachbedingungen** und **Invarianten** definiert.

Das liskovsche Substitutionsprinzip (siehe Kapitel 6.2) befasst sich mit der Fragestellung, unter welchen Bedingungen Objekte in korrekter Weise polymorph verwendet werden dürfen. Voraussetzung hierfür ist, dass die Klassen der Objekte in einer Vererbungshierarchie liegen.

Das **liskovsche Substitutionsprinzip** fordert, dass eine Referenz vom Typ einer **Basisklasse** nicht nur auf ein Objekt der Basisklasse, sondern auch auf ein Objekt einer von der Basisklasse **abgeleiteten Klasse** zeigen kann. Analoges gilt generell für die **Implementierung von Schnittstellen**. Damit muss nicht bei jedem Zugriff einzeln geprüft werden, von welchem Typ das referenzierte Objekt einer Vererbungshierarchie eigentlich ist.

Um das liskovsche Substitutionsprinzip zu erfüllen, muss eine **abgeleitete Klasse** die **Verträge ihrer Basisklasse mit Kundenklassen einhalten**, damit ein Kundenobjekt nicht bemerkt, dass an der Stelle eines Objekts einer Basisklasse plötzlich ein Objekt einer davon abgeleiteten Klasse steht.

Kapitel 6.3 befasst sich mit dem "Principle of Least Astonishment". Das "Principle of Least Astonishment" will die korrekte Interpretation der Programme sicherstellen.

Das "Principle of Least Astonishment" will verhindern, dass Schnittstellen zur Laufzeit falsch interpretiert werden und deshalb zu allergrößter Verwunderung verbunden mit Bedienfehlern führen.

6.1 Das Konzept "Design by Contract"

Das Konzept "**Design by Contract**" (dt. **Entwurf durch Verträge**) ist von hoher Bedeutung, um zu spezifizieren, welche Beziehungen Aufrufer und Aufgerufener allgemein in Programmen zueinander haben und welche Bedingungen bei allen Methodenaufrufen eines Objekts erfüllt sein müssen.

Man braucht "Design by Contract" auch, um zu beschreiben, wie die Bedingungen lauten, damit abgeleitete Klassen in Klassenhierarchien an die Stelle von Basisklassen treten können.

6.1.1 Historie

"Design by Contract", abgekürzt als **DbC**, wurde 1992 von Bertrand Meyer [Mey92] als Entwurfstechnik eingeführt.

6.1.2 Ziel

Das Konzept "Design by Contract" wurde von Bertrand Meyer exemplarisch in der von ihm entwickelten Programmiersprache Eiffel umgesetzt, stellt aber ein allgemeingültiges Konzept dar, welches beim objektorientierten Entwurf unabhängig von der einzusetzenden Programmiersprache angewandt werden kann.

Eine Klasse wird in einem Programm von anderen Klassen – hier Kunden (engl. clients) genannt – benutzt und hat damit Beziehungen zu all ihren Kunden.

Das Konzept "Design by Contract" fordert für die Beziehungen zwischen Objekten formale Übereinkünfte in Form von sogenannten **Verträgen** zwischen den beteiligten Partnern, in denen präzise definiert wird, unter welchen Umständen die Beziehungen zwischen den Partnern korrekt sind.

Bei einem Vertrag[72] haben in der Regel beide Seiten Rechte und Pflichten.

"Design by Contract" sorgt dafür, dass beim Aufruf einer Methode Aufrufer und aufgerufene Methode sich gegenseitig aufeinander verlassen können. Dies erfolgt durch die **Prüfung der Verträge zur Laufzeit**.

In dem Konzept "Entwurf durch Verträge" von Bertrand Meyer werden **Verträge** mit Hilfe von sogenannten **Zusicherungen** spezifiziert.

Zusicherungen sind **boolesche Ausdrücke** über Zustände von Objekten und Werte von Variablen an bestimmten Programmstellen, die niemals falsch werden dürfen.

6.1.3 Zusicherungen

Ein **Vertrag** kann drei verschiedene Arten von Zusicherungen enthalten:

- **Vorbedingungen**,
- **Nachbedingungen** und
- **Invarianten**.

So wie im Alltag ein Vertrag die Beziehungen zwischen Parteien (Personen, Organisationen) regelt, beschreiben **Vor- und Nachbedingungen einer Methode** die Aufrufe

72 Eine Klasse kann mit verschiedenen Kundenklassen verschiedene Verträge haben.

und Rückgabewerte zu den Kunden, den Aufrufern. Wie bei einem guten Vertrag im täglichen Leben haben Aufrufer und Aufgerufener Pflichten und Vorteile. Der Aufgerufene hat den Vorteil, dass er unter den gewünschten Bedingungen ablaufen kann. Dies wird durch die **Vorbedingungen** geregelt. Der Aufrufer hat den Vorteil, dass gewisse Bedingungen, die **Nachbedingungen**, nach dem Aufruf einer Methode erfüllt sind.

Invarianten beziehen sich nicht auf einzelne Methoden, sondern beziehen sich immer auf eine ganze Klasse. Eine Invariante muss also für jedes einzelne Objekt einer Klasse erfüllt sein, damit ein System korrekt arbeitet oder in einem korrekten Zustand ist. Da die Invarianten von allen Methoden einer Klasse, die von einem Kunden aufgerufen werden können, eingehalten werden müssen, spricht man auch von **Klasseninvarianten**.

Der **Vertrag einer Klasse** umfasst

- die **Vor- und Nachbedingungen von Methoden** sowie
- die **Invarianten der Klasse**.

6.1.3.1 Vorbedingung

Eine Vorbedingung (engl. **precondition**) **ist eine Einschränkung, unter der eine Methode korrekt aufgerufen wird**.

Sie stellt eine Verpflichtung für einen Aufrufer dar. Hierbei ist es unerheblich, ob der Aufruf innerhalb der eigenen Klasse erfolgt oder von einer Kundenklasse kommt.

Ein korrekt arbeitendes System führt nie einen Aufruf durch, der nicht die **Vorbedingungen einer aufgerufenen Methode erfüllen** kann.

Eine Vorbedingung bindet also einen Aufrufer. Sie definiert die Bedingung, unter der ein Aufruf zulässig ist.

Der Aufrufer hat die Pflicht, die Vorbedingungen des Aufzurufenden zu erfüllen. Er muss prüfen, ob diese erfüllt sind. Den Nutzen hat der Aufgerufene.

Von der Theorie her ist nach Bertrand Meyer also der Aufrufer für die Überprüfung des Einhaltens von Vorbedingungen verantwortlich, sodass man davon ausgehen kann, dass es keine fehlerhaften Aufrufe gibt.

Wenn sehr viele Aufrufer jedoch ein und dieselbe Methode aufrufen, wird aus Gründen der Einfachheit in der Praxis oft die Prüfung einer Vorbedingung im Aufgerufenen vorgenommen. Der Aufgerufene wirft dann, wenn eine Vorbedingung nicht eingehalten wurde, eine entsprechende Exception.

Erfolgt die Prüfung einer Vorbedingung im Aufgerufenen, so muss dieser im Fehlerfall eine Exception werfen und darf seinen Programmcode nicht ausführen.

6.1.3.2 Nachbedingung

Nachbedingungen (engl. **postconditions**) stellen den Zustand nach dem Aufruf einer Methode dar.

Sie binden eine Methode einer Klasse und stellen **Bedingungen** dar, **die von der Methode eingehalten werden müssen**.

Mit einer Nachbedingung wird garantiert, dass der Aufrufer nach Ausführung einer Methode einen Zustand mit gewissen Eigenschaften vorfindet, natürlich immer unter der Voraussetzung, dass beim Aufruf der Methode die Vorbedingungen erfüllt waren.

Bei einer Nachbedingung hat der Aufgerufene die Pflicht, den Nutzen hat der Aufrufer. Der Aufgerufene muss also die Nachbedingungen garantieren.

6.1.3.3 Invariante

Eine **Invariante** (engl. **invariant**) ist eine **Zusicherung bezüglich einer Klasse**. Sie muss von allen Objekten dieser Klasse eingehalten werden.

Die Eigenschaften einer Invariante gelten für alle Methoden einer Klasse und nicht individuell nur für eine einzelne Methode. Sie sind damit **Klasseneigenschaften** im Gegensatz zu Vor- und Nachbedingungen von Methoden, welche die zulässigen Wertebereiche für den Aufruf bzw. den Rückgabewert, das Werfen von Exceptions und Seiteneffekte einzelner Methoden regeln.

Invarianten müssen von allen nach außen sichtbaren Methoden einer Klasse vor und nach dem Methodenaufruf eingehalten werden.

Invarianten gelten **während** der gesamten **Lebensdauer der Objekte** einer Klasse. Invarianten gelten ab dem Zeitpunkt des abgeschlossenen Konstruktoraufrufs.

Beim Aufruf von internen bzw. privaten Methoden einer Klasse – sogenannten **Service-Methoden** – müssen die **Invarianten** einer Klasse nicht unbedingt beachtet werden und können **auch mal nicht erfüllt** sein, da der Kunde hiervon nichts bemerkt.

Eine **Invariante kann während der Ausführung einer Schnittstellenmethode temporär verletzt werden**.

Dies stellt überhaupt kein Problem dar, da eine Invariante erst nach Ausführung einer Schnittstellenmethode dem Aufrufer wieder zur Verfügung steht.

6.1.3.4 Konzeptionelles Beispiel

Betrachtet wird die Klasse `Stack`, die einen Speicher für Objekte realisiert, der nach dem Stack-Prinzip organisiert ist und nur eine begrenzte Zahl von Objekten (gegeben durch die Stackgröße) aufnehmen kann. Die Klasse `Stack` kann in Java beispielsweise die folgende Schnittstelle anbieten:

```
abstract class Stack
{
   void push(Object o);
   Object pop();
}
```

Diese Klasse hat die Invariante, dass die Zahl der Elemente auf dem Stack bei allen Operationen größer gleich Null und kleiner gleich der gegebenen maximalen Stackgröße sein muss. Wie bereits bekannt ist, ist eine Invariante für alle Methoden einer Klasse gültig.

Die Methode `push()` hat die Vorbedingung, dass die Zahl der Elemente auf dem Stack kleiner als die maximale Stackgröße sein muss.[73] Die Nachbedingung von `push()` lautet, dass die Zahl der Elemente auf dem Stack um eins größer als vor dem Aufruf ist.

Die Vorbedingung von `pop()` ist, dass die Zahl der Elemente auf dem Stack größer gleich eins sein muss. Die Nachbedingung von `pop()` lautet, dass die Zahl der Elemente auf dem Stack um eins kleiner als vor dem Aufruf ist.

6.1.4 Einhalten der Verträge beim Überschreiben

Um das Einhalten der Verträge beim Überschreiben zu betrachten, wird die folgende Situation zugrunde gelegt:

[73] Damit ein Aufrufer eine Vorbedingung gewährleisten kann, muss ihm eine Methode `size()` zur Verfügung stehen.

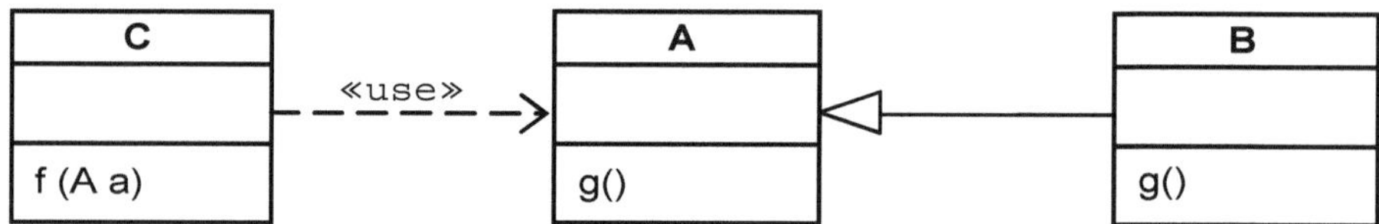

Abbildung 6-1 Überschreiben einer Methode

Die Klasse `B` sei von der Klasse `A` abgeleitet und soll die Methode `g()` aus `A` überschreiben. Aufrufer von `g()` sei eine Methode `f()` einer Kundenklasse `C`. Die Methode `f()` soll die folgende Aufrufschnittstelle besitzen: `f (A a)`. Mit anderen Worten: An `f()` kann beispielsweise eine Referenz auf ein Objekt der Klasse `A` oder eine Referenz auf ein Objekt der von der Klasse `A` abgeleiteten Klasse `B` übergeben werden.

Der Kunde `f()` kann zur Laufzeit nicht wissen, ob ihm eine Referenz auf ein Objekt der Klasse `A` oder der Klasse `B` übergeben wird (liskovsches Substitutionsprinzip, siehe Kapitel 6.2). **Dem Kunden `f()` ist auf jeden Fall nur die Basisklasse `A` bekannt und daran richtet er sich aus**. Also kann `f()` beim Aufruf von `g()` nur den Vertrag der Methode `g()` aus der Basisklasse `A` beim Aufruf beachten. `f()` stellt also die Vorbedingungen für `g()` aus `A` sicher und erwartet im Gegenzug, dass `g()` seine Nachbedingungen erfüllt.

Wie im täglichen Leben auch, darf ein Vertrag übererfüllt werden, er darf aber nicht verletzt werden! Dies hat zur Konsequenz, dass `g()` aus der abgeleiteten Klasse `B` die **Vorbedingungen nicht verschärfen** kann, denn darauf wäre der Kunde `f()` überhaupt nicht eingerichtet. `g()` aus `B` darf aber die Vorbedingungen aufweichen. Dies stellt für `f()` überhaupt kein Problem dar, denn aufgeweichte Vorbedingungen kann `f()` sowieso mühelos einhalten.

Eine **Vorbedingung** kann beim Überschreiben **nur aufgeweicht werden**, denn eine aufgeweichte Vorbedingung kann der Kunde problemlos erfüllen.

`g()` aus `B` darf die **Nachbedingungen nicht aufweichen**, denn der Kunde `f()` erwartet die Ergebnisse in einem bestimmten Bereich. Da ein Kunde sich auf die Basisklasse eingestellt hat, muss sichergestellt werden, dass sich der überschreibende Anteil korrekt verhält.

Eine **Nachbedingung** kann beim Überschreiben **nur verschärft werden** (kleinerer Wertebereich), denn auf eine aufgeweichte Nachbedingung (größerer Wertebereich) wäre der Kunde gar nicht vorbereitet, da er sich an der Basisklasse orientiert.

Eine überschreibende Methode einer abgeleiteten Klasse darf

- eine Nachbedingung der überschriebenen Methode nicht aufweichen und
- eine Vorbedingung der überschriebenen Methode nicht verschärfen.

Im Folgenden wird ein **konzeptionelles Beispiel** gegeben:

Hat beispielsweise eine Methode einen **Rückgabewert** vom Typ `int` und garantiert, dass sie nur Werte zwischen 1 und 5 liefert, so darf die überschreibende Methode keine Werte außerhalb dieses Bereichs liefern. Besitzt diese Methode zudem beispielsweise als Vorbedingung einen formalen Parameter vom Typ `int`, welcher in einem Wertebereich von 1 bis 10 definiert ist, so darf die überschreibende Methode diesen Wertebereich nicht einschränken.

Wird eine **Invariante** einer Basisklasse durch eine überschreibende Methode in einer abgeleiteten Klasse **aufgeweicht**, so kann das zu einem **Fehlverhalten** der abgeleiteten Klasse führen, denn darauf ist eine Kundenklasse nicht vorbereitet.

Eine **Verschärfung einer Invariante führt zu keinen Problemen**, da die Invariante nach wie vor im erwarteten Bereich der Basisklasse liegt.

Abgeleitete Klassen dürfen Invarianten nur verschärfen.

6.1.5 Bewertung

Die folgenden **Vorteile** von Design by Contract werden gesehen:

- **Korrektheit und Stabilität der Programme**

  Mit "Design by Contract" können Verträge zwischen Klassen spezifiziert werden. Bei Einhaltung dieser Verträge kann sich eine Klasse auf eine andere Klasse verlassen. Die Klassen verhalten sich dann "ordnungsgemäß". Damit wird ein Programm stabiler.

- **Praktikabilität des liskovschen Substitutionsprinzips**

  Ohne die Einhaltung der Verträge der Basisklassen können Objekte abgeleiteter Klassen nicht an die Stelle von Objekten der entsprechenden Basisklasse treten, denn sonst würde es die Kundenklasse bemerken und das liskovsche Substitutionsprinzip (siehe Kapitel 6.2) wäre verletzt. Analoges gilt für Schnittstellen in Java.

- **Hilfe bei der Dokumentation**

  Durch die Formulierung der Vor- und Nachbedingungen ist bereits ein Teil der Dokumentation erledigt.

- **Hilfe beim Testen**

  Durch die Festlegung der Verträge wird das gültige Verhalten und das ungültige Verhalten festgelegt.

Der folgende **Nachteil** wird gesehen:

- **der Programmieraufwand wird größer**

  Das Konzipieren der Zusicherungen bedeutet Aufwand. Aber ohne zusätzlichen Aufwand gibt es keine korrekten Beziehungen.

6.2 Liskovsches Substitutionsprinzip

Das **liskovsche Substitutionsprinzip** (abgekürzt als **LSP**) gilt nur in der Objektorientierung, bezieht sich auf die Vererbung und ist dort für die Verwendung polymorpher Objekte[74] von allerhöchster Bedeutung.

Das liskovsche Substitutionsprinzip fordert, dass Referenzen auf Objekte einer Basisklasse auch auf Objekte einer davon abgeleiteten Klasse zeigen können.

Wenn das liskovsche Substitutionsprinzip erfüllt ist, merkt es ein Kunde nicht, wenn an die Stelle eines referenzierten Objekts der Basisklasse ein Objekt einer abgeleiteten Klasse tritt. Damit hat man den Vorteil, dass ein Programm für beide Typen (Basisklasse und abgeleitete Klasse) verwendet werden kann und dass hierbei nicht bei jedem Objekt einzeln geprüft werden muss, von welchem dieser beiden Typen das Objekt denn ist. Analoges gilt für Schnittstellen in Java.

Das liskovsche Substitutionsprinzip stellt nur diese Forderung auf, gibt aber keine Handlungsanweisungen und hat deshalb eigentlich gar keinen Prinzip-Charakter.

Das LSP hat mehr den Charakter eines Konzeptes und schränkt die Möglichkeiten bei der Bildung von Unterklassen in einer Vererbungshierarchie ein.

Wird das LSP nicht eingehalten, können ernsthafte Probleme bei der polymorphen Verwendung von Objekten abgeleiteter Klassen anstelle der im Programm verwendeten Objekte einer Basisklasse auftreten.

Polymorphie (Vielgestaltigkeit) ist ein zentrales Konzept der objektorientierten Programmierung. Polymorphie betrifft sowohl Methoden als auch Objekte. Ehe im Folgenden auf das liskovsche Substitutionsprinzip eingegangen wird, sollen zunächst die beiden Formen der Polymorphie kurz vorgestellt werden.

6.2.1 Polymorphie von Methoden

Bei der **Polymorphie von Methoden** stellt jede Klasse, die sich **nicht in einer Vererbungshierarchie** befindet, einen eigenen Namensraum dar. Derselbe Methodenkopf kann in jeder Klasse in einer jeweils anderen Ausprägung implementiert werden. Diese Ausprägung der Polymorphie ist für das liskovsche Substitutionsprinzip irrelevant.

---

[74] Streng genommen sind die Referenzvariablen polymorph.

6.2.2 Polymorphie von Objekten

Polymorphie von Objekten gibt es nur im Falle von **Vererbungshierarchien**.

Polymorphie von Objekten bedeutet, dass ein Objekt einer **Vererbungshierarchie** sich in Gestalt verschiedener Typen zeigen kann. Ein Objekt einer abgeleiteten Klasse kann auch als Objekt der zugehörigen Basisklasse betrachtet werden.

Nur bei Einhaltung des liskovschen Substitutionsprinzips entsteht eine Typhierarchie, die es erlaubt, dass Programme, die für die Basisklasse geschrieben sind, für abgeleitete Klassen verwendet werden können, ohne dass sie abgeändert werden müssen.

Das ist genauso zu sehen wie im Alltag, in welchem beispielsweise ein Student einerseits als eine normale Person, andererseits aber auch als Student, d. h. als eine Instanz einer abgeleiteten Klasse `Student` der Basisklasse `Person` auftreten kann.

Wichtig ist, dass im Falle des **Überschreibens** einer Methode der Basisklasse durch eine Methode einer abgeleiteten Klasse die überschreibende Methode gleichartig wie die überschriebene Methode der Basisklasse aufgerufen wird, gleichartig antwortet und die Invarianten einhält. Hierbei nimmt die Implementierung der Methode in der abgeleiteten Klasse jedoch eine andere Ausprägung an als in der Basisklasse. Nur wenn Aufrufe und Rückgabe in gleicher Weise erfolgen, d. h. die Verträge der Basisklasse in der abgeleiteten Klasse beim Überschreiben eingehalten werden, merkt ein Kunden-Objekt nicht, dass an der Stelle eines Objekts einer Basisklasse plötzlich ein Objekt einer abgeleiteten Klasse steht.

Findet ein Überschreiben – also die Neudefinition einer Methode in einer abgeleiteten Klasse – statt, so muss darauf geachtet werden, dass in der abgeleiteten Klasse die Verträge der Basisklasse mit ihren Kunden eingehalten werden, wenn ein Objekt einer abgeleiteten Klasse an die Stelle eines Objekts der Basisklasse treten soll.

Entsprechendes gilt für die Realisierung von Schnittstellen in Java.

6.2.3 Historie

Barbara Liskov hat 1987 in [Lis87] die Forderung formuliert, bei deren Einhaltung ein Programm die Verwendung polymorpher Objekte aus Vererbungshierarchien gefahrlos unterstützt. Im Original heißt es:

"The intuitive idea of a subtype is one whose objects provide all the behavior of objects of another type (the supertype) plus something extra. What is wanted here is something

like the following substitution property: If for each object o_1 of type S there is an object o_2 of type T such that for all programs P defined in terms of T, the behavior of P is unchanged when o_1 is substituted for o_2, then S is a subtype of T."

Für die Bildung eines Subtyps S ist eine Substitutionseigenschaft gewünscht, die es erlaubt, dass in einem Programm, das formuliert ist für einen Typ T (Supertyp von S), Objekte von S anstelle der Objekte von T eingesetzt werden können, ohne dass sich das Verhalten des Programms ändert. S ist nur dann ein Subtyp von T, wenn diese Substitutionseigenschaft gilt.

Später [Lis09] formulierte B. Liskov das Prinzip griffiger:

"Objects of subtypes should behave like those of supertypes if used via supertype methods."

B. Liskov spricht bewusst von Subtypen und Supertypen und nicht von Subklassen und Superklassen. Denn die Programmiersprachen erlauben eben auch die Bildung von Subklassen, die nicht das Substitutionsprinzip erfüllen.

6.2.4 Ziel

Das **liskovsche Substitutionsprinzip** fordert:

Will man Polymorphie von Objekten für ein Programm haben, so muss im Programm eine Referenz auf ein Objekt einer abgeleiteten Klasse an die Stelle einer Referenz auf ein Objekt der Basisklasse treten können. Analoges gilt für die Realisierung von Schnittstellen.

Das bedeutet:

Überschreibende Methoden einer abgeleiteten Klasse dürfen die **Verträge**[75] einer Basisklasse mit Kundenklassen nicht brechen, denn sonst würde eine Kundenklasse etwas vom Austausch der Objekte bemerken.

Solange bei der Ableitung von einer Basisklasse der Vertrag der entsprechenden Basisklasse nicht gebrochen wird, ist es möglich, ein für Basisklassen geschriebenes Programm auch für Klassen zu verwenden, die eventuell erst zu einem späteren Zeitpunkt abgeleitet werden.

[75] Der Vertrag einer Klasse umfasst die Vor- und Nachbedingungen der Methoden und die Invarianten einer Klasse. In Kapitel 6.1.4 wird erläutert, was es bedeutet, dass ein Vertrag durch eine abgeleitete Klasse nicht gebrochen werden darf.

Wenn das liskovsche Substitutionsprinzip nicht gelten würde, könnten Referenzen vom Typ einer Basisklasse nicht auf Objekte abgeleiteter Klassen zeigen. Es müsste dann stets geprüft werden, von welchem Typ das aktuelle Objekt ist, auf welches die Referenz gerade verweist.

Oftmals wird das liskovsche Substitutionsprinzip dadurch verletzt, indem eine überschreibende Methode in einer abgeleiteten Klasse keine Funktionalität oder weniger Funktionalität aufweist als die entsprechende überschriebene Methode der Basisklasse [Mar12, p. 124].

Kommentar des Autors:

Zufälligerweise kann ein Programm auch laufen, wenn das liskovsche Substitutionsprinzip verletzt wird, dennoch ist es nicht korrekt. Tritt eine abgeleitete Klasse, die das liskovsche Substitutionsprinzip nicht einhält, an die Stelle einer Basisklasse und das Programm läuft nicht mehr, darf auf keinen Fall die Kundenklasse "repariert" werden. Dieser Anfängerfehler sollte unbedingt vermieden werden!

Man muss das liskovsche Substitutionsprinzip unter zwei Gesichtspunkten betrachten:

Fall 1: Reines Erweitern einer Basisklasse[76]

Erweitert eine Klasse eine andere Klasse nur und überschreibt nichts, sondern fügt nur zusätzliche Attribute und Methoden hinzu, dann kann im Programm eine Instanz dieser abgeleiteten Klasse problemlos an die Stelle einer Instanz ihrer Basisklasse treten. Zeigt eine Referenz vom Typ der Basisklasse in einem Programm auf ein Objekt einer abgeleiteten Klasse, so sieht sie das Objekt aus Sicht der Basisklasse. Der erweiternde Anteil der abgeleiteten Klasse fällt somit weg.

Zusätzliche, durch Erweiterung hinzugefügte Methoden abgeleiteter Klassen werden von einem Programm, das nur Instanzen der Basisklasse kennt, sowieso nicht angesprochen.

Fall 2: Überschreiben in einer abgeleiteten Klasse

Eine Projektion auf die Sicht der Basisklasse erfolgt natürlich auch dann, wenn die abgeleitete Klasse Methoden der Basisklasse überschreibt. Im Fall einer späten Bindung von Instanzmethoden wie in Java wird dann die überschreibende Methode der abgeleiteten Klasse an Stelle der überschriebenen Methode der Basisklasse aufgerufen. Dies sollte jedoch keinen schädlichen Einfluss auf den Ablauf des Programms haben! Das liskovsche Substitutionsprinzip fordert, dass ein Programmierer beim Überschreiben dafür sorgen muss, dass eine überschreibende Instanzmethode der abgeleiteten Klasse den Vertrag der entsprechenden überschriebenen Instanzmethode der Basisklasse einhält.

[76] Wird nur erweitert, so wird bei der Ableitung keine Methode überschrieben.

Werden in einem Programm mit polymorphen Objekten Instanzmethoden einer Basisklasse in einer abgeleiteten Klasse überschrieben, so tritt im Objekt der abgeleiteten Klasse die überschreibende Instanzmethode an die Stelle der geerbten, überschriebenen Methode.

Es wird somit für jedes Objekt die konkrete Methodenimplementierung seines speziellen Typs aufgerufen.

6.2.5 Konzeptionelles Beispiel

Abbildung 6-2 zeigt als Beispiel eine Klassifikation von Vögeln. Die abstrakte Klasse *`Vogel`* deklariert die abstrakten Operationen *`essen()`* und *`fliegen()`*.

Ein Pinguin ist auch ein Vogel, er ist jedoch flugunfähig. Bei Einsatz der Vererbung muss aber die Methode, die das Fliegen abbildet, in einer abgeleiteten Klasse ebenfalls vorhanden sein, da sie in der Basisklasse vorhanden ist. Daher entspricht der im Folgenden gezeigte Entwurf einer Vererbungshierarchie nicht dem liskovschen Substitutionsprinzip:

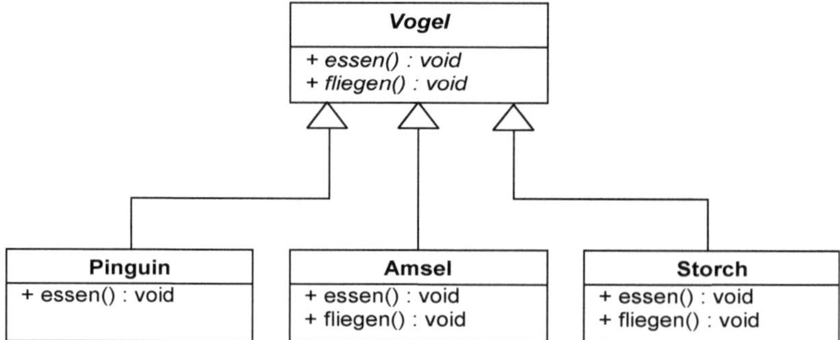

Abbildung 6-2 Nicht LSP-konforme Ableitung

Sämtliche Methoden einer abstrakten Klasse müssen in einer davon abgeleiteten, konkreten Klasse implementiert sein.

Wird die Methode `fliegen()` in der von der Klasse *`Vogel`* abgeleiteten Klasse `Pinguin` implementiert, wobei eine Exception geworfen wird oder einfach nichts passiert (leerer Methodenrumpf), da ein Pinguin ja nicht fliegen kann, so bricht dieses Vorgehen den Vertrag, den die Basisklasse *`Vogel`* mit einer Kundenklasse hat. Die abgeleitete Klasse `Pinguin` verstößt somit gegen das liskovsche Substitutionsprinzip. Wird dies fälschlicherweise billigend in Kauf genommen, so kann dies zu einem unerwarteten Verhalten führen. Das ist beispielsweise dann der Fall, wenn man über eine Liste von Vögeln iteriert und für jedes Element dieser Liste die Methode `fliegen()` aufruft.

Durch eine Einteilung der Vögel in flugfähige und flugunfähige Tiere kann – wie in folgender Abbildung gezeigt – das Problem gelöst werden. Denn mit dieser Einteilung muss die Klasse `Pinguin` das Fliegen nicht implementieren. Hier das entsprechende Klassendiagramm:

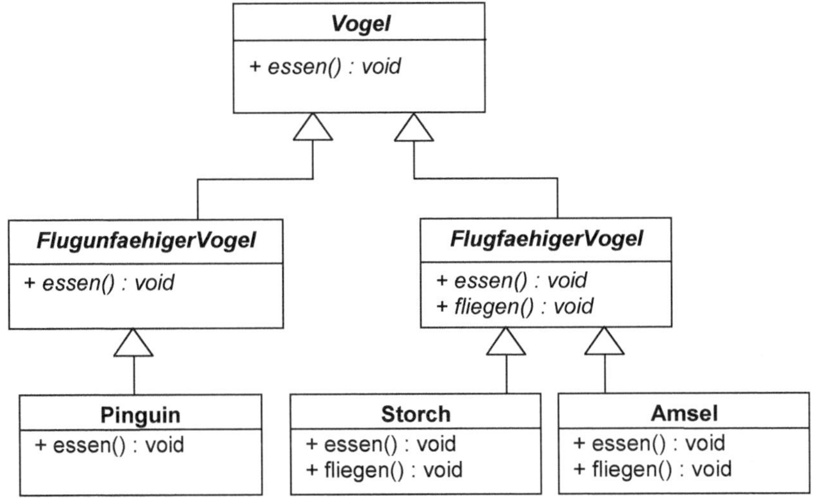

Abbildung 6-3 Einteilung der Vögel in unterschiedliche Gruppen

6.2.6 Bewertung

Das liskovsche Substitutionsprinzip hat die folgenden **Vorteile**:

- **Entfall von Typprüfungen**

  Die Einhaltung des liskovschen Substitutionsprinzips führt dazu, dass man nicht jedesmal prüfen muss, von welchem Typ ein Objekt einer Vererbungshierarchie eigentlich ist.

- **Vermeidung semantischer Probleme**

  Das liskovsche Substitutionsprinzip führt bei seiner Einhaltung zur korrekten Verwendung polymorpher Objekte. Schwerwiegende semantische Probleme bei der Verwendung von Subtypen werden vermieden.

Das liskovsche Substitutionsprinzip hat den **Nachteil**:

- **es ist eigentlich keine Handlungsanweisung**

  Das liskovsche Substitutionsgesetz ist keine Handlungsanweisung – also eigentlich kein Prinzip –, sondern schränkt nur die Möglichkeiten bei der Bildung von Unterklassen in einer Vererbungshierarchie ein.

6.3 Principle of Least Astonishment

Nach dem "Principle of Least Astonishment"[77], abgekürzt zu PLA, von Geoffrey James [Jam86] sollten Programme so entworfen werden, dass ihr Verhalten den Benutzer nicht überrascht. Mit anderen Worten:

---

77 manchmal auch "Principle/Law/Rule of Least Surprise" oder auf Deutsch "Prinzip der geringsten Überraschung/des geringsten Erstaunens" genannt

Programme sollen sich gegenüber ihrem Nutzer so verhalten, wie sie es andeuten. Sie sollen den Benutzer nicht täuschen, da damit Bedienfehler provoziert würden.

Dieses Prinzip trägt damit zur **Verständlichkeit** und zur **Fehlervermeidung** bei.

6.3.1 Historie

Geoffrey James formulierte das Prinzip 1987 in seinem Buch "Tao of Programming“ [Jam86], in welchem verschiedene Programmierprinzipien im Stil chinesischer Tao-Texte beschrieben werden. Er schreibt in seinem Buch 4 – einem Unterkapitel des "Tao of Programming" – unter der Überschrift "A well-written program is its own heaven; a poorly-written program is its own hell" unter anderem:

"A program should follow the 'Law of Least Astonishment'. What is this law? It is simply that the program should always respond to the users in the way that least astonishes them."

Samuel Keene [keenes] schrieb 2007:

"What exactly is the 'law of least astonishment'? From a reliability point of view, the 'law of least astonishment' is a guidepost to designers and programmers of computer interfaces, propagating a 'mental checks and balances' archetype, affirmed by the ideal that interfaces should always perform in a manner originally intended, and not in a manner that will astonish (negatively) those 'interfaced'."

6.3.2 Ziel

Überraschungen führen zu Unterbrechungen des Arbeitsflusses und zu Fehlern. Das gilt insbesondere für eine Fehlbedienung des Systems im laufenden Betrieb. Durch das "Principle of Least Astonishment" soll beispielsweise die Bedienbarkeit der Programme zur Laufzeit verbessert werden.

Schnittstellen eines Programms sollen sich so verhalten, wie ihr Benutzer es erwartet. Das bedeutet beispielsweise, dass die Funktionen von Buttons in einer Benutzeroberfläche auf den ersten Blick erkennbar sein sollten.

Um unliebsame Überraschungen zu vermeiden, ist es beispielsweise üblich, dass Buttons mit einem "X" ein Fenster schließen. Es würde die Benutzer des Programms zutiefst überraschen, wenn ein solcher Button plötzlich eine andere Funktion hätte.

Das "Principle of Least Astonishment" kann umgesetzt werden, indem gängige Konventionen eingehalten werden und Absprachen getroffen werden, damit das Programm nicht zu unliebsamen Überraschungen und damit zu Fehlern führt.

Je geringer die Überraschung über das tatsächliche Verhalten ist, desto einfacher lassen sich die Schnittstellen eines Systems verstehen, korrekt verwenden und warten.

Generell sollte versucht werden, die Erwartungshaltung der Benutzer einer Schnittstelle zu treffen. Dazu hilft es, sich in die Benutzer hineinzuversetzen oder sie zu befragen und die Schnittstellen dementsprechend zu designen.

Das "Principle of Least Astonishment" soll in dem Sinne verwendet werden, Überraschungen generell zu vermeiden, um mögliche Interpretationsfehler von Schnittstellen zur verhüten. Alle Schnittstellen eines Systems müssen in eindeutiger Weise verstanden werden können.

So ist bei Programmmierschnittstellen die Wahl der Namen (Schnittstelle, Methode, Parameter) wichtig, um andere Programmierer nicht zu erstaunen.

Alle Erzeugnisse eines Programmierers dürfen nicht missverständlich sein. Sie müssen intuitiv korrekt erfasst werden können. Dies kann beispielsweise Programmierrichtlinien und Absprachen erfordern.

6.3.3 Bewertung

Die folgenden **Vorteile** des Prinzips "Principle of Least Astonishment" in seiner **ursprünglichen Form** werden gesehen:

- **Treffen der Intuition und damit Vermeidung von Fehlern**

  Überraschung tritt auf, wenn die Intuition von Schnittstellen nicht getroffen und damit enttäuscht wird. Überraschungen zu vermeiden, hilft beispielsweise dabei, intuitiv verständliche Programme zu entwerfen, damit keine Missverständnisse provoziert werden.

Die folgenden **Nachteile** werden gesehen:

- **Unkenntnis der Erwartung der Nutzer von Schnittstellen**

  Problematisch bei der Umsetzung dieser Regel ist, dass ein Programmierer oft nicht weiß, was den Benutzer überrascht.

- **Diversität der Benutzergruppen**

  Verschiedene Gruppen können gänzlich verschiedene Erwartungshaltungen haben. Daher sollte bereits während der Entwicklung einer Schnittstelle das Gespräch mit den zukünftigen Nutzern von Schnittstellen gesucht werden.

6.4 Zusammenfassung

Das Konzept "Design by Contract" (siehe Kapitel **6.1**) fordert für die Beziehungen von Klassen eines Programms mit ihren Kundenklassen eine formale Übereinkunft zwischen den beteiligten Partnern. In dieser Übereinkunft wird durch Verträge präzise definiert, unter welchen Umständen die genannten Beziehungen korrekt ablaufen.

Nach dem liskovschen Substitutionsprinzip (siehe Kapitel **6.2**) kann in einem Programm mit polymorphen Objekten eine Referenz vom Typ der Basisklasse nicht nur auf ein Objekt der Basisklasse zeigen, sondern auch auf ein Objekt einer abgeleiteten Klasse, wenn die abgeleitete Klasse die Verträge der Basisklasse einhält. Das liskovsche Substitutionsprinzip im Verbund mit "Design by Contract" ist von höchster Bedeutung, damit Objekte abgeleiteter Klassen an die Stelle von Objekten einer Basisklasse in einem Programm treten können.

Das "Principle of Least Astonishment" (siehe Kapitel **6.3**) soll Fehlinterpretationen von Schnittstellen und daraus resultierende Fehler vermeiden.

Kapitel 7

Prinzipien für die Stabilität und Erweiterbarkeit bei Programmänderungen

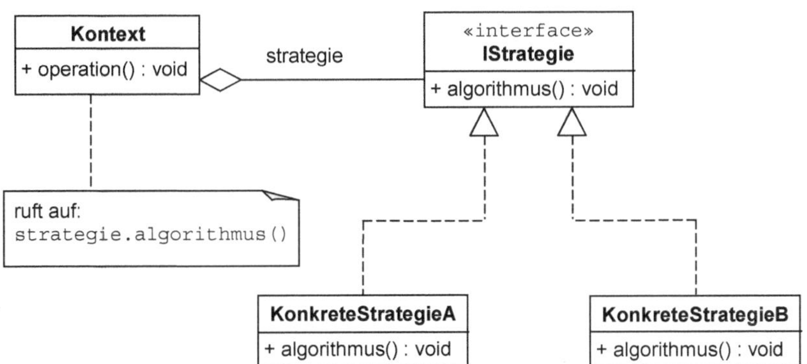

J. Goll, *Entwurfsprinzipien und Konstruktionskonzepte der Softwaretechnik*,
https://doi.org/10.1007/978-3-658-25975-4_7

7 Prinzipien für die Stabilität und Erweiterbarkeit bei Programmänderungen

Alle Prinzipien, die für eine schwache Wechselwirkung zwischen verschiedenen Modulen und eine starke Kohäsion innerhalb eines Moduls sorgen, tragen zur **Stabilität** bei. Denn damit bleiben Störungen durch Fehler oder Fehleingaben im Betrieb des Systems oftmals lokal begrenzt.

Dementsprechend kann unter Stabilität jedes Entwurfsprinzip genannt werden, welches für eine schwache Kopplung der Module und eine starke Kohäsion innerhalb eines Moduls sorgt. In diesem Kapitel geht es bei der Stabilität jedoch nicht allgemein um die Stabilität, sondern speziell um die **Stabilität bei Änderungen**. Hierbei sollen nach dem **"Open-Closed Principle"** (siehe Kapitel 7.1) stabile "Fertigteile" verwendet werden. Das "Open-Closed Principle" sorgt für Stabilität bei Änderungen, da beispielsweise nach diesem Prinzip getesteter Code einfach um zusätzliche Funktionalität erweitert, aber selbst nicht abgeändert werden soll.[78]

Das **"Open-Closed Principle"** (**OCP**) von Bertrand Meyer [Mey88] fordert, dass **Module offen für Erweiterungen, aber geschlossen für Modifikationen** sein sollen.

Das "Open-Closed Principle" betrifft **Programme** und **Spezifikationen**.

Erweiterungen von Programmen können beispielsweise durch

- Vererbung (siehe Kapitel 7.1.5 und 7.1.6) oder
- die sogenannte "Objektkomposition" (siehe Kapitel 7.2)

erfolgen.

Eine andere Möglichkeit zur Erweiterung von Programmen ist das Arbeiten in einer Plug-in-Architektur, die im Rahmen dieses Buchs jedoch nicht behandelt wird. Zur Plug-in Architektur siehe beispielsweise [Gol14].

Wie man durch das Prinzip "Ziehe Objektkomposition der Klassenvererbung vor" erweitert, wird detailliert in Kapitel 7.2 erläutert.

Das Prinzip **"Programmiere gegen Schnittstellen, nicht gegen Implementierungen"** von Gamma et al. [Gam94] ist ein Prinzip der Objektorientierung und stellt die Erweiterbarkeit der Programme in den Vordergrund (siehe Kapitel 7.3). Nach Gamma et al. [Gam94] ist das Prinzip "Programmiere gegen Schnittstellen, nicht gegen Implementierungen" eines der wichtigsten Konzepte der Programmierung (siehe auch [Gam09, p. 25]).

---

78 Getesteter Code führt aber nur dann zur Stabilität, wenn er tatsächlich bereits mit den Daten der Anwendung getestet wurde.

Gamma et al. konzentrieren sich hierbei auf eine **schnittstellenbasierte Programmierung**[79].

Bei einer **schnittstellenbasierten Programmierung** werden keine konkreten Klassen **als Datentypen** verwendet, sondern **abstrakte Basisklassen bzw. Schnittstellen** wie Interfaces in Java. Dadurch wird der **Code wiederverwendbar.**

7.1 Open-Closed Principle

Ein guter Entwurf beispielsweise sollte berücksichtigen, dass Programme während der Entwicklung und Wartung oft geändert werden müssen. Diese Änderungen sollten jedoch nicht durch Überschreiben des Quellcodes vorgenommen werden.

Wenn es zu Erweiterungen eines Programms kommt, so dürfen nach dem "Open-Closed Principle" Änderungen der Anforderungen nicht dadurch bewältigt werden, indem man den vorhandenen Code abändert.

Vorhandener Code soll nach Bertrand Meyer **"geschlossen"** sein. Ein vorhandenes Modul soll nicht abgeändert werden.

Bei Programmerweiterungen sollen nach dem "Open-Closed Principle" stabile "Fertigteile" verwendet werden. Der vorhandene Code soll **"offen"** für zusätzliche Erweiterungen sein.

Analoges gilt für die Stabilität von Spezifikationen.

7.1.1 Historie

Das "Open-Closed Principle" stammt von Bertrand Meyer aus dem Jahre 1988 [Mey88].

7.1.2 Ziel

Bei Erweiterungen eines Programms soll eine Klasse nur in Form von Erweiterungen angepasst und abgeändert werden. Der Code und die Schnittstelle der ursprünglichen Klasse sollen unberührt bleiben!

Das "Open-Closed Principle" sorgt für Stabilität bei Erweiterungen, indem der vorhandene, getestete Code einfach um eine zusätzliche Funktionalität **erweitert**, aber selbst **nicht abgeändert** wird.

Analoges gilt für Spezifikationen.

---

79 siehe "Schnittstelle" im Begriffsverzeichnis

7.1.3 Umsetzung

In Kapitel 7.1.3.1 und Kapitel 7.1.3.2 wird auf das "Open-Closed Principle" für Code und für Spezifikationen eingegangen.

7.1.3.1 "Open-Closed Principle" für Code

Nach dem "Open-Closed Principle" soll vorhandener Code, der bereits getestet ist, wiederverwendet werden. Vorhandene Programme sollen nach dem "Open-Closed Principle" nicht durch Abänderung vorhandener Programme, sondern durch Erweiterung bereits getesteter, stabiler Programmteile erfolgen. Eine Erweiterung des Quellcodes kann durchgeführt werden mit Hilfe der Technik der Vererbung oder mit Hilfe des Prinzips "Ziehe Objektkomposition der Klassenvererbung vor". Vorhandener Code soll also offen (engl. **open**) für Erweiterungen sein, darf selbst aber nicht abgeändert werden (engl. **closed**).

Durch die **Offenheit des Quellcodes** bzw. des **lauffähigen Codes** gewinnt man eine Wiederverwendbarkeit des vorhandenen Quellcodes, der unverändert bleibt, als Teil von neuen Modulen.

Durch die **Geschlossenheit des Quellcodes** bzw. des **lauffähigen Codes** gegenüber Veränderungen erreicht man eine höhere Stabilität der Programme, die diesen Code nutzen und ggf. erweitern.

7.1.3.2 "Open-Closed Principle" für Spezifikationen

Bei Spezifikationen ergibt sich keine prinzipielle Verschiedenheit zu Kapitel 7.1.3.1. Im Falle der Spezifikation eines Moduls sollte ein Baustein offiziell abgenommen sein und selbst als wiederverwendbarer Baustein zur Verfügung stehen.

Durch die **Geschlossenheit** von **Spezifikationen** gegenüber Veränderungen wird ihr Inhalt stabil. Durch die **Offenheit** von **Spezifikationen** gewinnt man ihre Wiederverwendbarkeit als Teil einer neuen Einheit.

7.1.4 Bewertung

Das "Open-Closed Principle" zählt zu den wichtigsten Grundprinzipien eines guten objektorientierten Designs. Es hat die folgenden **Vorteile**:

- **Erhöhung der Stabilität**

  Die Stabilität der Bauteile wird erhöht.

- **Erhöhung der Wiederverwendbarkeit**

  Das Erweitern von Fertigteilen nach dem "Open-Closed Principle" verbessert die Wiederverwendbarkeit dieser Programme.

Das "Open-Closed Principle" weist den folgenden **Nachteil** auf:

- **höherer Abstraktionsgrad erforderlich**

  Der Entwurf erfordert einen höheren Abstraktionsgrad, um wiederverwendbare Teile zu identifizieren. Man muss sich im Klaren darüber sein, welche Teile eines Programmes offen für Veränderungen sein müssen [Mar12, pp. 108 - 109].

7.1.5 Konzeptionelles Beispiel für das "Open-Closed Principle" mit Vererbung

Vererbung ist ein Beispiel dafür, dass der Quellcode einer Klasse zwar geschlossen gegenüber Veränderungen, aber dennoch offen für Erweiterungen ist. Der lauffähige Code einer Basisklasse wird in der abgeleiteten Klasse nicht verändert. Trotzdem ist diese Basisklasse erweiterbar. Bei Einhaltung des liskovschen Substitutionsprinzips können Referenzen auf Objekte der Basisklasse zur Laufzeit auf Objekte abgeleiteter Klassen zeigen. Dabei muss es diese Objekte zum Zeitpunkt der Erstellung des Quellcodes für die Basisklassen noch gar nicht geben.

In dem folgenden Beispiel wird eine Basisklasse `Person` und eine abgeleitete Klasse `Student` betrachtet. Die Klasse `Student` soll die Klasse `Person` dabei nur erweitern, d. h. neue Elemente wie Datenfelder und Methoden hinzufügen. Es folgt das (statische) Klassendiagramm für diese Situation:

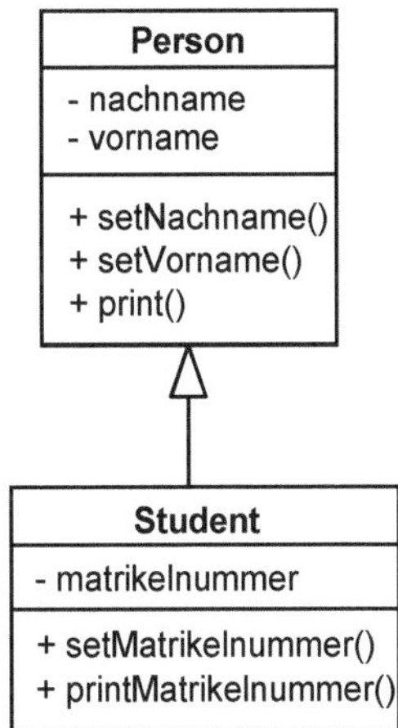

Abbildung 7-1 Ableitung der Klasse `Student` von der Klasse `Person`

Die betrachtete Basisklasse `Person` hat zwei Attribute: `nachname` und `vorname` und die drei Methoden `setNachname()`, `setVorname()` und `print()`. Die set-Methoden werden benötigt, um die als `private` gekennzeichneten Attribute von außen setzen zu können. Die `print()`-Methode gibt den Vornamen gefolgt vom Nachnamen aus.

Bei der Vererbung erbt die abgeleitete Klasse `Student` die Struktur und das Verhalten der Basisklasse `Person`, also deren Attribute und Methoden. Die Klasse `Student` erweitert die Klasse `Person` um ein zusätzliches Attribut `matrikelnummer` und um zwei zusätzliche Methoden, `setMatrikelnummer()` und `printMatrikelnummer()`. Davon merkt die Klasse `Person` jedoch nichts. Die abgeleitete Klasse `Student` steht bei Einhaltung des **liskovschen Substitutionsprinzips** in einer **"is a"-Beziehung** zu ihrer Basisklasse. Gesprochen wird dies als "ein Student ist eine (engl. 'is a') Person", das heißt, dass ein Student auch eine Person ist.

Um das liskovsche Substitutionsprinzip einzuhalten, darf der Vertrag der Basisklasse nicht gebrochen werden. Der Aufrufer darf es nicht merken, wenn er zur Laufzeit beispielsweise ein Objekt der Klasse `Student` vor sich hat anstelle eines Objekts der Klasse `Person`.

7.1.6 Programmbeispiel für das "Open-Closed Principle" mit Vererbung

Im folgenden Beispielprogramm symbolisiert die abstrakte Basisklasse `GrafischesElement` ein Framework, das nicht verändert, aber erweitert werden kann. **Geschlossen** (engl. closed) ist der Quellcode der abstrakten Basisklasse `GrafischesElement`. Eine **Erweiterung** dieser Basisklasse erfolgt im folgenden Beispiel durch die abgeleiteten Klassen `Kreis` und `Rechteck`, die anschließend von einem grafischen Editor verwendet werden sollen.

Die folgende Abbildung zeigt diese Situation für einen Kreis:

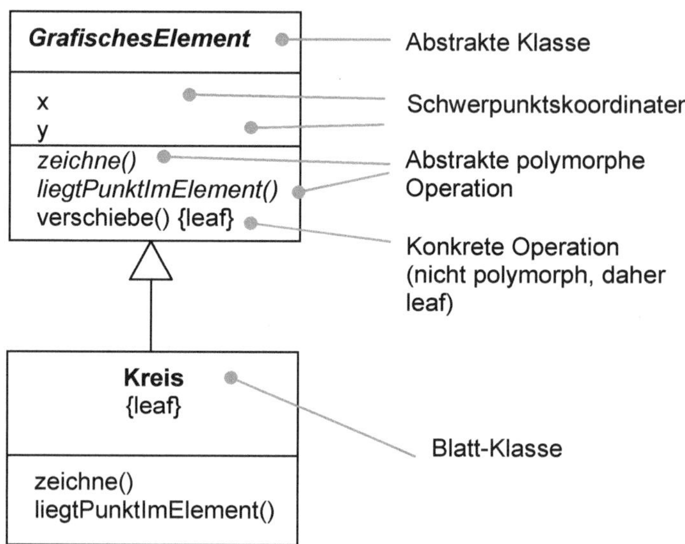

Abbildung 7-2 Abstrakte Klasse `GrafischesElement` symbolisch als Framework

Jedes grafische Element weist bestimmte Eigenschaften und Methoden auf, die in ihrer Funktionsweise unabhängig von der speziellen Ausprägung des Elementes sind, zum

Beispiel, ob es sich um einen Kreis oder ein Rechteck handelt. Dazu gehört die Schwerpunktskoordinate eines Elements und die zugehörige Verschiebungsmethode für den Schwerpunkt.

Im Gegensatz dazu gibt es Methoden, die von den abgeleiteten Klassen selbst implementiert werden müssen – beispielsweise die Darstellungsroutine eines Elements.

Die für die abgeleiteten Klassen invarianten Anteile werden in der Klasse `GrafischesElement` abgebildet. Diese Basisklasse enthält die von allen Elementen in gleicher Weise genutzten Methoden und Attribute. Sie gibt ferner Methodenköpfe für die Implementierung in den abgeleiteten Klassen vor.

Aufgrund der Abstraktheit einiger Methodenköpfe ist diese Basisklasse abstrakt. Die von allen Elementen genutzten Methoden sind vor Veränderungen – beispielsweise durch Überschreiben – zu schützen. Ein Beispiel hierfür ist in Abbildung 7-2 die Methode `verschiebe()`, welche den Schwerpunkt eines Elementes verschiebt. Solche Methoden werden in UML `leaf`-Methoden genannt und werden in Java durch das Schlüsselwort `final` deklariert.

Das folgende Programm ist hier im Buch nur verkürzt wiedergegeben. Der vollständige Quellcode des Beispiels ist auf dem begleitenden Webauftritt zu finden.

Die abstrakte Klasse `GrafischesElement` könnte wie folgt aussehen:

```
// Datei: GrafischesElement.java

import java.awt.Graphics;

public abstract class GrafischesElement
{
   // Schwerpunktskoordinaten
   private int x, y;
   public GrafischesElement (int x, int y)
   {
       this.x = x;
       this.y = y;
   }

   // final macht eine Methode zu einer leaf-Methode
   final public void verschiebeSchwerpunkt (int x, int y)
   {
      this.x += x;
      this.y += y;
   }

   final public int getX()
   {
      return x;
   }

   final public int getY()
   {
      return y;
   }
```

```
   // Graphics erlaubt das Auftragen von Grafiken auf Komponenten
   public abstract void zeichne (Graphics g);

   public abstract boolean liegtPunktImElement (int x, int y);
}
```

Die Anwendung soll Kreise und Rechtecke als grafische Elemente enthalten, welche die abstrakte Basisklasse `GrafischesElement` nicht abändern, aber erweitern. Zum Zeichnen eines Rechtecks wird in der folgenden Klasse `Rechteck` die in AWT[80] vorhandene Klasse `java.awt.Rectangle` benutzt:

```
// Datei: Rechteck.java

import java.awt.Graphics;
import java.awt.Rectangle;

public class Rechteck extends GrafischesElement
{
   Rectangle rechteck;

   public Rechteck (int x, int y, int laenge, int hoehe)
   {
      super (x, y);

      // Eckpunkte für das Anlegen des Rechtecks ermitteln
      int eckpunktX = this.getX() - (int) (0.5 * laenge);
      int eckpunktY = this.getY() - (int) (0.5 * hoehe);

      rechteck = new Rectangle (eckpunktX, eckpunktY, laenge, hoehe);
   }

   public void zeichne (Graphics g)
   {
      // Rechteck auf Graphics-Objekt zeichnen
      g.fillRect (
                   rechteck.x,
                   rechteck.y,
                   rechteck.width,
                   rechteck.height
      );
   }

   @Override
   public boolean liegtPunktImElement (int x, int y)
   {
      return rechteck.contains (x, y);
   }
}
```

---

80 Die Klassenbibliothek AWT ist die Vorgängerin der Klassenbibliothek Swing. AWT-GUI-Komponenten sind in Aussehen und Verhalten abhängig vom Betriebssystem. Aufgrund ihrer Abhängigkeit vom Betriebssystem werden sie als "schwergewichtig" bezeichnet. "Leichtgewichtige" Swing-GUI-Komponenten werden hingegen mit Hilfe der Java 2D-Klassenbibliothek durch die Virtuelle Maschine von Java selbst auf den Bildschirm gezeichnet und sind damit in Aussehen und Verhalten unabhängig vom Betriebssystem.

Als weiteres grafisches Element wird eine Klasse `Kreis` eingeführt:

```
// Datei: Kreis.java

import java.awt.Graphics;
import java.awt.geom.Ellipse2D;

public class Kreis extends GrafischesElement
{
   private Ellipse2D kreis;

   public Kreis (int x, int y, int radius)
   {
      super (x, y);

      int xEckpunkt = x - radius;
      int yEckpunkt = y - radius;

      kreis = new Ellipse2D.Float
      (
            xEckpunkt,
            yEckpunkt,
            radius,
            radius
      );
   }

   @Override
   public void zeichne (Graphics g)
   {
      g.fillOval (
            (int) kreis.getX(),
            (int) kreis.getY(),
            (int) kreis.getWidth(),
            (int) kreis.getWidth()
      );
   }

   @Override
   public boolean liegtPunktImElement (int x, int y)
   {
      return kreis.contains (x, y);
   }
}
```

Die Klassen `Kreis` und `Rechteck` können nun in einer Anwendung verwendet werden. Als Beispielanwendung ist auf dem begleitenden Webauftritt die Implementierung eines einfachen grafischen Editors zu finden, der Kreise und Rechtecke bzw. alle von der Basisklasse `GrafischesElement` abgeleitete Formen erstellen und verschieben kann.

Hier ein Screenshot der Oberfläche dieses Editors:

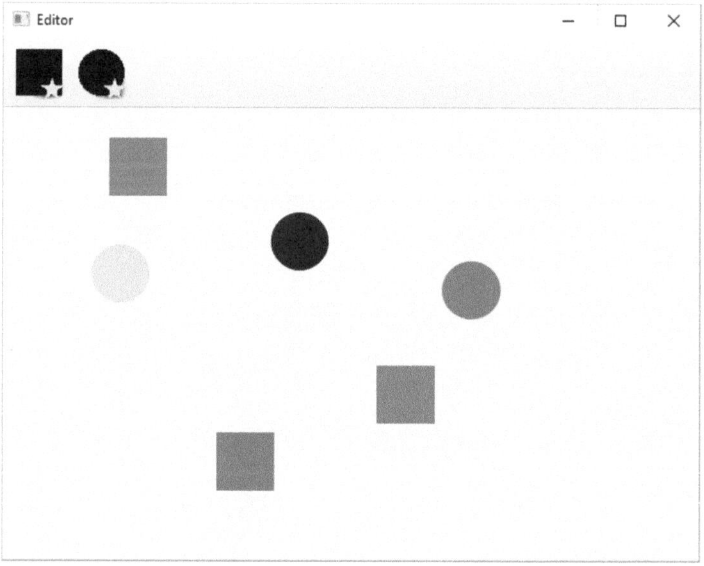

Abbildung 7-3 Screenshot der grafischen Oberfläche des Editors

7.2 Ziehe Objektkomposition der Klassenvererbung vor

Das Prinzip "Ziehe Objektkomposition der Klassenvererbung vor" verlangt, dass gegen abstrakte Klassen bzw. in Java gegen Schnittstellen programmiert wird, um einen wiederverwendbaren Code zu erzeugen.

7.2.1 Historie

Das Prinzip "Ziehe Objektkomposition der Klassenvererbung vor" wird im berühmten Entwurfsmuster-Buch vom Gamma et al. [Gam94] besonders hervorgehoben. Auf Englisch heißt dieses Prinzip **"Favour Composition Over Inheritance‘"**. Daher wird der Name dieses Prinzips auch abgekürzt zu **FCOI**.

Zusammen mit dem Prinzip "Programmiere gegen Schnittstellen, nicht gegen Implementierungen" ist FCOI eine zentrale Grundlage für die Entwurfsmuster von Gamma et al. FCOI dient zur Reduktion von Abhängigkeiten.

7.2.2 Ziel

Bei Verwendung des Prinzips "Ziehe Objektkomposition der Klassenvererbung vor" aggregiert nach UML zur Kompilierzeit eine Klasse eine Abstraktion. Zur Laufzeit tritt an die Stelle der Abstraktion ein Objekt, dessen Klasse die Abstraktion verfeinert.

Dieses Prinzip ist eine **Konkurrenztechnik zur Vererbung** im Falle der Erzeugung von polymorphen Objekten.

Bei einer **Vererbung** kann eine Basisklasse ihre Elemente für eine abgeleitete Klasse sichtbar machen. Die abgeleitete Klasse wird dadurch von den geerbten Elementen stark abhängig (**White-Box-Verhalten**), wenn diese in ihr sichtbar sind, also nicht überschrieben bzw. verdeckt werden. Anders formuliert bedeutet das, dass in diesem Falle das Prinzip der Kapselung gebrochen wird. Bei FCOI gibt es substantiell weniger Implementierungsabhängigkeiten[81] [Gam09, p27]. Der Inhalt der beteiligten Objekte ist bei FCOI nicht sichtbar (**Black-Box-Verhalten**). Was bleibt, ist die Abhängigkeit von der Abstraktion.

7.2.3 Diskussion des Namens des Prinzips

Kommentar des Autors:

Der Name dieses Prinzips ist etwas erklärungsbedürftig, denn es handelt sich nach UML um eine Aggregation und nicht um eine Komposition. Der Name "Objektkomposition" ist historisch zu sehen.

Gamma et al. [Gam09, p.27] schreiben selbst: *"Objektkomposition wird dynamisch zur Laufzeit festgelegt, indem die Objekte Referenzen auf andere Objekte erhalten."*

Aggregation bedeutet nach UML, dass die beteiligten Objekte unabhängig voneinander weiterbestehen können. Konträr hierzu funktioniert nach UML eine **Komposition**. Hierbei leben beide Objekte stets gleich lang.

Entscheidend für die Anwendung dieses Prinzips ist, dass es möglich ist, einen Teil der Klasse, der polymorph auftreten kann, zu lokalisieren und als Abstraktion auszuweisen. Dieser Teil ist dann aus der ursprünglichen Klasse "auszuschneiden" und getrennt vom restlichen Teil zu betrachten. Über die Aggregation seiner Abstraktion wird der ausgeschnittene Teil dann in der Klasse, aus welcher er ursprünglich stammt, referenziert. Dadurch kann die Abstraktion und somit der ausgeschnittene Teil polymorph realisiert werden.

7.2.4 Bekannte Beispiele für den Einsatz einer Aggregation

Im Folgenden werden zwei bekannte Entwurfsmuster, welche das Prinzip "Ziehe Objektkomposition der Klassenvererbung vor" verwenden, als Beispiele diskutiert. Es handelt sich dabei um das Strategiemuster und das Dekorierermuster.

7.2.4.1 Strategiemuster

Ein bekanntes Beispiel ist das Strategiemuster. Es wird eine Schnittstelle als aggregierte Abstraktion verwendet.

Hier das entsprechende Klassendiagramm:

81 Am besten ist die Verwendung einer Schnittstelle alleine aus Methodenköpfen.

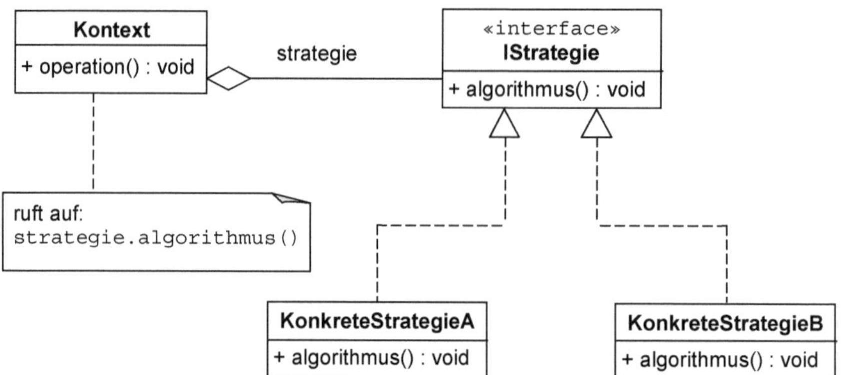

Abbildung 7-4 Klassendiagramm des Strategiemusters

Während im Kontext Beliebiges stecken kann, wird ein polymorph realisierbarer Anteil – die Strategie – als Abstraktion herausgetrennt.

In Abbildung 7-4 gibt der Kontext die Abstraktion (die Schnittstelle `IStrategie`) vor und nutzt sie mittels einer Aggregation. Bei Einhaltung des liskovschen Substitutionsprinzips kann zur Laufzeit an die Stelle der Schnittstelle in polymorpher Weise eine konkrete Strategie treten. Dabei ist der Vertrag der Schnittstelle einzuhalten.

Ein Programm, das den Kontext nutzt, setzt dabei die konkrete Strategie zur Laufzeit. Damit ist der Kontext unabhängig von der jeweiligen konkreten Strategie.

7.2.4.2 Dekorierer

Ein Dekorierer soll eine beliebige Komponente "dekorieren" können. Die folgende Abbildung zeigt eine der möglichen Formulierungen des bekannten Klassendiagramms des Dekorierermusters:

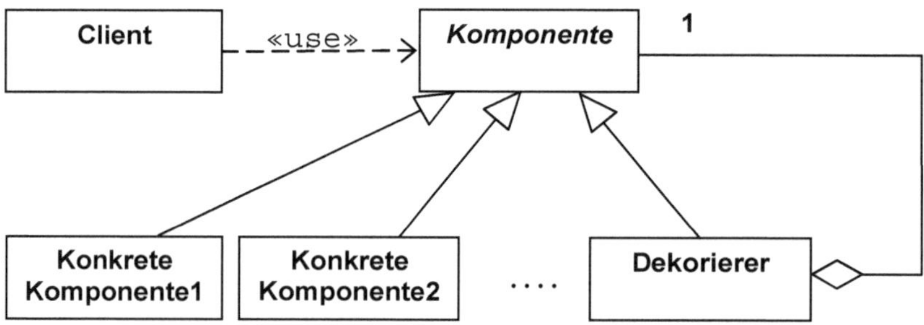

Abbildung 7-5 Klassendiagramm des Dekorierermusters

Der Client benutzt in Abbildung 7-5 eine Komponente in Form einer abstrakten Basisklasse als Abstraktion. An die Stelle der referenzierten Komponente kann nach Liskov auch eine konkrete Komponente bzw. ein Dekorierer treten. Der Dekorierer verwendet den geerbten Anteil nicht! Er verwendet den aggregierten Anteil. Damit kann auch eine konkrete Komponente dekoriert werden, da jederzeit bei Einhaltung der Verträge eine konkrete Komponente an die Stelle einer aggregierten Komponente treten kann.

7.2.5 Vergleich Vererbung und Objektkomposition

Zur Umsetzung des "Open-Closed Principle" kennt die Objektorientierung zwei generelle Mechanismen:

- die Vererbung (Klassenvererbung) und
- die Aggregation einer Abstraktion[82], die sogenannte "Objektkomposition".

Objektkomposition ist eine Alternative zur Vererbung und ist der Vererbung nach Gamma et al. [Gam09, p. 27] vorzuziehen. Deshalb heißt dieses Prinzip auch *"Ziehe Objektkomposition der Klassenvererbung vor"*.

Gamma et al. [Gam09, p. 27] sagen:

"Entwürfe können durch den verstärkten Einsatz von Objektkomposition häufig einfacher und leichter wiederverwendbar gemacht werden."

Eine Klasse referenziert bei der **Objektkomposition** eine Abstraktion, die implementiert werden muss. Da bei einer Objektkomposition keine internen Details der Objekte der referenzierenden Klasse sichtbar sind[83] und die referenzierenden Objekte als Black-Boxes[84] erscheinen, wird dieser Stil der Wiederverwendung auch **Black-Box-Wiederverwendung** genannt [Gam09, p. 26].

Wiederverwendung durch Unterklassenbildung wird oft auch als **White-Box-Wiederverwendung** bezeichnet. Der Begriff "White-Box" bezieht sich auf die Sichtbarkeit, nämlich wenn infolge von **Vererbung** die Daten bzw. Methoden einer Oberklasse für eine Unterklasse (abgeleitete Klasse) sichtbar sind [Gam09, p. 26]. Bei der Vererbung wird zur Kompilierzeit festgelegt, dass ein Objekt einer abgeleiteten Klasse quasi ein Objekt der Basisklasse – nämlich den geerbten Anteil – enthält. Dies kann ebenfalls als eine Art der Komposition betrachtet werden, legt bei Sichtbarkeit jedoch die Implementierung von Elementen der Basisklasse offen. Die Beziehung zwischen den beiden Klassen ist statisch und kann zur Laufzeit nicht mehr geändert werden. Da bei der Vererbung eine abgeleitete Klasse die Daten und das Verhalten einer Basisklasse erbt, besteht durch die Ableitung eine starke Abhängigkeit einer abgeleiteten Klasse von ihrer zugehörigen Basisklasse, wenn die Elemente der Basisklasse in der abgeleiteten Klasse sichtbar sind. Vererbung als Technik der Wiederverwendung wird nach Gamma et al. [Gam09, p. 27] in der Praxis überstrapaziert.

Auch wenn die **Vererbung** besonders leicht umgesetzt werden kann, da sie von den objektorientierten Programmiersprachen unterstützt wird, lohnt es sich auf jeden Fall, die **Objektkomposition** zu betrachten. Entscheidend für deren Anwendung ist, dass eine Abstraktion eindeutig identifiziert und separiert werden kann. Durch das Bereitstellen einer referenzierten Abstraktion wird ein Vertrag vorgegeben, der durch die Klasse des Objekts, welches zur Laufzeit an die Stelle der Abstraktion tritt, erfüllt werden muss.

---

82 am besten einer Schnittstelle alleine aus Methodenköpfen

83 Nur die Methodenköpfe sind in Abstraktionen sichtbar.

84 Das bedeutet, dass nur die Schnittstellenmethoden sichtbar sind.

Ein großer Vorteil der **Objektkomposition** ergibt sich auch dadurch, dass die aggregierende Klasse statisch **nur von der Abstraktion abhängig** ist und dass dynamisch erst zur Laufzeit entschieden werden kann, welches konkrete Objekt aggregiert wird. Natürlich muss die Klasse eines solchen Objekts den Vertrag der Abstraktion erfüllen, aber es kann flexibel entschieden werden, welches Objekt der entsprechenden Klasse von einem aggregierenden Objekt verwendet werden soll.

Auch bei der **Objektkomposition** gibt es eine Vererbung bzw. eine Implementierung, nämlich bei der Konkretisierung der Abstraktion. Entscheidend ist jedoch die **Black-Box-Sicht der beteiligten Klassen**.

7.2.6 Bewertung

Vorteile von "Ziehe Objektkomposition der Klassenvererbung vor" sind:

- **Einhaltung der Datenkapselung** (engl. **"encapsulation"**) **und Verringerung der Abhängigkeiten**

  Es wird nicht wie bei der Vererbung die Kapselung gebrochen. Bei der Vererbung sind die Struktur bzw. das Verhalten einer Basisklasse auch in der abgeleiteten Klasse oft direkt sichtbar, nämlich dann, wenn die Daten bzw. Methoden der Basisklasse nicht mit dem Zugriffsmodifikator privat geschützt sind oder nicht überschrieben bzw. verdeckt werden. In diesem Fall schlägt jede Änderung der Implementierung einer Basisklasse auf die abgeleitete Klasse direkt durch. Damit hat eine abgeleitete Klasse eine starke Abhängigkeit von ihrer Basisklasse. Werden hingegen Objekte ausschließlich über die Implementierung aggregierter Abstraktionen verwendet wie bei **"Ziehe Objektkomposition der Klassenvererbung vor"**, so wird die **Kapselung der ursprünglichen Implementierung nicht aufgebrochen**. Bei der Objektkomposition besteht bei der Verwendung einer Schnittstelle als Abstraktion nur eine schwache Abhängigkeit der Klasse eines Objekts zu dem Vertrag der referenzierten Schnittstelle.

- **keine komplexen Klassenhierarchien**

  Komplexe Klassenhierarchien erschweren die Übersicht. Bei der Verwendung von Objektkompositionen bleiben die Klassenhierarchien flach und übersichtlich, da jeweils die entsprechende Abstraktion implementiert wird. Dadurch entstehen keine komplexen Klassenhierarchien.

- **Simulation von Mehrfachvererbung**

  Durch die Verwendung von "Objektkompositionen" zusätzlich zur Vererbung kann bei Programmiersprachen, die wie beispielsweise die Programmiersprache Java nur eine Einfachvererbung unterstützen, eine Mehrfachvererbung simuliert werden.

- **leichteres Testen**

  Durch Verwendung einer Abstraktion wie beispielsweise einer Schnittstelle kann man beim Testen leichter mit Mock-Objekten arbeiten.

- **Flexibilität**

  Bei einer Objektkomposition erfolgt zur Laufzeit der Austausch der Referenz auf die Abstraktion gegen eine Referenz auf ein konkretes Objekt, dessen Klasse die Abstraktion verfeinert. Dies erhöht die Flexibilität. Bei der Vererbung wird die Beziehung zwischen den Klassen bereits zur Kompilierzeit festgelegt.

- **einfacher Gebrauch von "Dependency Injection"**

  Da bei der Objektkomposition die Objekte dynamisch zur Laufzeit festgelegt werden, können die einzelnen Objekte zur Laufzeit in einfacher Weise mithilfe von "Dependency Injection" an die aggregierte Abstraktion übergeben werden. Dies ist bei Vererbung nicht möglich, da die Bindung hier schon zur Kompilierzeit festgelegt wird.

Nachteile von "Ziehe Objektkomposition der Klassenvererbung vor" sind:

- **Prinzip oft unbekannt**

  Das Verwenden einer aggregierten Abstraktion anstelle der Vererbung erfolgt in der Praxis zu selten, da in den Anfängervorlesungen an den Hochschulen oft nur die Vererbung gelehrt wird.

- **potenzielle Zunahme der Anzahl der Schnittstellen**

  Die Objektkomposition verwendet vorzugsweise eine Schnittstelle als Abstraktion. Durch das "Interface Segregation Principle", welches fordert, dass eine Schnittstelle nur Methodenköpfe haben sollte, die ein spezieller Client auch tatsächlich benötigt, kann die Anzahl solcher Schnittstellen allerdings sehr schnell zunehmen.

- **keine direkte Wiederverwendung von Code im Falle von Schnittstellen**

  Vererbung führt zu einer direkten Wiederverwendung von Code, da geerbte Attribute und Methoden direkt Bestandteil der abgeleiteten Klasse werden – falls sie dort sichtbar und nicht verdeckt sind bzw. überschrieben werden. Bei der Objektkomposition mit Schnittstellen referenziert das aggregierende Objekt zur Kompilierzeit nur Methodenköpfe, deren Vertrag dann zur Laufzeit von dem entsprechenden Objekt eingehalten werden muss.

Vererbung ist sinnvoll, wenn:

- tatsächlich eine "is a"-Beziehung modelliert werden soll und es sich nicht nur um Code-Wiederverwendung handelt,
- sich der polymorphe Anteil nicht lokalisieren und herausziehen lässt, sondern Polymorphie unbeschränkt möglich ist, und
- man durch Änderung der Basisklasse alle abgeleiteten Klassen ändern möchte.

Wenn es nur um die Wiederverwendung von Code geht und nicht um die Modellierung einer "is a"-Beziehung, sollte die Vererbung nicht in Betracht gezogen werden.

7.3 Programmiere gegen Schnittstellen, nicht gegen Implementierungen

Bei diesem Prinzip geht es nicht darum, dass Schnittstellen für Module vorgeschrieben werden. Den Wert von Schnittstellen für Module hatte man damals schon längst erkannt. Hingegen geht es darum, dass man wiederverwendbar programmiert.

Das Prinzip "Programmiere gegen Schnittstellen, nicht gegen Implementierungen" von Gamma et al. [Gam94] bewegt sich auf der Ebene der Programmierung und führt zur **Wiederverwendbarkeit des Programmcodes**.

Die gängigen Programmiersprachen verbieten es nicht, dass man beim Schreiben neuer Software bereits vorhandene konkrete Klassen als Datentypen für Variablen in neuem Code verwendet. Nur entsteht dadurch eine Abhängigkeit des neuen Codes zu diesen konkreten Klassen. Die Konsequenz ist, dass der neue Code nicht für andere konkrete Klassen direkt verwendet werden kann. Daher will das Prinzip **"Programmiere gegen Schnittstellen, nicht gegen Implementierungen"** die **Nutzung von konkreten Klassen unterbinden**.

Das Prinzip "Programmiere gegen Schnittstellen, nicht gegen Implementierungen" fordert, dass nur abstrakte Datentypen bzw. Schnittstellen wie beispielsweise Interfaces in Java als Datentypen verwendet werden und keine konkreten Datentypen.

Alle von einer abstrakten Klasse abgeleiteten Klassen sind auch vom Typ der abstrakten Klasse. Denn eine solche Unterklasse kann zwar neue Methoden hinzufügen, muss aber auch die in der Basisklasse definierten abstrakten Methoden implementieren[85]. Ebenso ist eine Klasse, die eine Java-Schnittstelle implementiert, auch vom Typ dieser Schnittstelle. Somit gilt:

Alle Unterklassen einer abstrakten Klasse können die in der Schnittstelle der abstrakten Klasse definierten Anfragen beantworten, da sie alle Subtypen der **abstrakten Klasse** sind. Analog gilt das in Java auch für **Schnittstellen** und deren Implementierungsklassen.

Die abgeleiteten Klassen bzw. die Implementierungsklassen müssen das liskovsche Substitutionsprinzip (siehe Kapitel 6.2) einhalten, damit diese Aussage gilt.

[85] In Java werden in diesem Falle die Methoden mit der Annotation `@override` versehen. Der Compiler stellt dann sicher, dass eine so gekennzeichnete Methode implementiert wird, und gibt einen Fehler aus, wenn dies nicht der Fall ist. Viele Leute sagen jedoch "abstrakte Methoden werden überschrieben" und das kommt daher, dass die Annotation `@override` verwendet wird.

Durch die Verwendung **abstrakter** anstelle konkreter **Klassen** bzw. von **Schnittstellen in Java** als **Typen von Variablen** werden Implementierungsabhängigkeiten erheblich reduziert. Die entsprechende Anwendung wird durch die Verwendung abstrakter Klassen bzw. von Schnittstellen in Java wiederverwendbar.

7.3.1 Historie

Wie bereits in Kapitel 5.1 erwähnt, ist der Ansatz, Schnittstellen für Module zu verwenden, bereits durch das Prinzip "Loose Coupling and Strong Cohesion" implizit bekannt, denn ohne die Einführung von Schnittstellen gibt es keine schwache Kopplung von Modulen. Die Trennung von Schnittstelle und Implementierung der Module stellt die Voraussetzung für eine Benutzungsabstraktion (siehe Kapitel 1.1.1) und das Einhalten von "Information Hiding" (siehe Kapitel 5.2) dar. Die Trennung von Schnittstelle und Implementierung wird u. a. auch bei Schichtenmodellen (siehe Kapitel 2.2.2) oder dem "Dependency Inversion Principle" (siehe Kapitel 5.5) gefordert.

Gamma et al. gehen über die Verwendung von Schnittstellen für Module hinaus. Im Original [Gam94] lautet die Formulierung des Prinzips:

"Program to an interface, not an implementation."

Diese etwas abstrakte Formulierung wird im anschließenden Satz präzisiert:

"Don't declare variables to be instances of particular concrete classes. Instead, commit only to an interface defined by an abstract class."

7.3.2 Ziel

Die Menge aller öffentlichen Methodenköpfe einer Klasse beschreibt die sogenannte **Schnittstelle** einer Klasse.

Insofern hat eigentlich jede Klasse bereits eine Schnittstelle. Mit dem Begriff "Schnittstelle" im Namen des Prinzips ist aber eher eine Abstraktion der Schnittstelle einer Klasse gemeint, wie es beispielsweise ein Interface in Java darstellt. Das Ziel des Prinzips ist also die Einführung einer **neuen Schicht von Schnittstellen wie etwa abstrakte Klassen oder Interfaces in Java**, gegen die programmiert werden soll.

Programmieren gegen eine Schnittstelle bedeutet letztendlich, dass die eingeführten Schnittstellen wie etwa abstrakte Klassen oder Interfaces in Java als Datentypen verwendet werden, wo immer das möglich ist, sei es in den **Methodenköpfen**, bei **Attributen** oder bei **lokalen Variablen**.

Wird gegen eine Abstraktion beispielsweise in Form einer abstrakten Basisklasse programmiert, so kann eine Klasse bei Einhaltung des liskovschen Substitutionsprinzips problemlos gegen eine andere Klasse, welche dieselbe Abstraktion implementiert, ausgetauscht werden. Entsprechendes gilt für Schnittstellen in Java.

Durch das Prinzip "Programmiere gegen Schnittstellen, nicht gegen Implementierungen" werden Implementierungsabhängigkeiten vermieden und auf diese Weise wird das **eigentliche Ziel** des Prinzips erreicht, nämlich die **Wiederverwendbarkeit des geschriebenen Programms**.

7.3.3 Bewertung

Das Prinzip "Programmiere gegen Schnittstellen, nicht gegen Implementierungen" hat die folgenden **Vorteile**:

- **Abhängigkeit der Clients nur von abstrakten Klassen bzw. Schnittstellen**

  Clients (Kunden) kennen nur die abstrakten Klassen bzw. Schnittstellen in Java und sind damit auch nur von diesen abhängig und nicht von konkreten Objekten bzw. deren Klassen. Clients wissen nichts über die konkreten Klassen der von ihnen verwendeten Objekte, solange diese Objekte der von den Clients erwarteten Schnittstelle genügen. Die konkreten Objekte können beispielsweise durch "Dependency Injection" (siehe Kapitel 5.8.4) einem Client bekannt gemacht werden oder durch "Dependency Lookup" (siehe Kapitel 5.8.3) vom Client gefunden werden.

- **wiederverwendbarer Code**

  Wird nach Gamma et al. gegen abstrakte Basisklassen bzw. gegen Schnittstellen in Java programmiert, so wird der Code wiederverwendbar.

- **breiter Anwendungsbereich**

  Dieses Prinzip kann in statisch typisierten objektorientierten Programmiersprachen verwendet werden.

Ein **Nachteil** ist:

- **Einführung einer zusätzlichen Schicht**

  Die Schicht der abstrakten Klassen bzw. Schnittstellen muss als zusätzliche Schicht im Entwurf eingeführt werden. Durch die neuen Elemente wird der Umfang von Entwurf und Implementierung vergrößert.

7.4 Zusammenfassung

Das "Open-Closed Principle" (siehe Kapitel **7.1**) fordert, dass Module entworfen werden, die sich niemals ändern. Änderungen sollen dadurch realisiert werden, indem der Code der bestehenden Module nicht abgeändert, sondern nur erweitert wird.

Bei Erweiterungen von stabilen Modulen ist das Prinzip "Ziehe Objektkomposition der Klassenvererbung vor" (siehe Kapitel **7.2**) von höchster Bedeutung. Es verringert die durch eine Vererbung entstehende starke Kopplung zwischen Basisklasse und abgeleiteter Klasse, indem es eine sogenannte "Objektkomposition" verwendet.

Das Prinzip "Programmiere gegen Schnittstellen, nicht gegen Implementierungen" ist Inhalt von Kapitel **7.3**. Dieses Prinzip fordert, dass Abstraktionen in Form von abstrakten Klassen bzw. von Schnittstellen in Java anstelle konkreter Klassen als Datentypen verwendet werden, und schafft dadurch einen wiederverwendbaren Code.

Kapitel 8

Das Konzept "Inversion of Control"

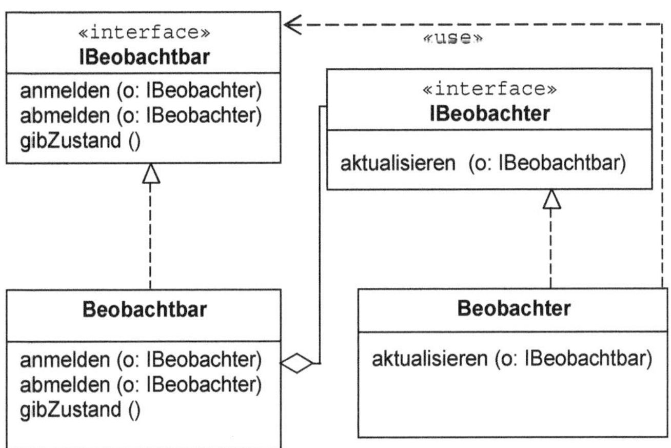

8.1 Historie
8.2 Ziele
8.3 Ereignisorientierte Programmierung anstelle von Pollen
8.4 "Inversion of Control" bei Frameworks
8.5 Bewertung
8.6 Beispielprogramm
8.7 Zusammenfassung

J. Goll, *Entwurfsprinzipien und Konstruktionskonzepte der Softwaretechnik*,
https://doi.org/10.1007/978-3-658-25975-4_8

8 Das Konzept "Inversion of Control"

"Inversion of Control"[86] dient – wie der Name schon sagt – der **Umkehr der Kontrolle**.

Bei diesem Konzept wird die Kontrolle des Programmablaufs zwischen zwei zusammenwirkenden Programmteilen vertauscht, beispielsweise dann, wenn ein selbst programmiertes Modul die Steuerung des Kontrollflusses an ein Framework als wiederverwendbares Modul abgeben soll.

Die in diesem Kapitel gezeigten Beispiele sind objektorientiert. Das Konzept "Inversion of Control" kann jedoch auch bei anderen Programmierparadigmen angewandt werden.

Zu beachten ist, dass durch das Konzept **"Inversion of Control" keine Abhängigkeiten umgedreht oder** gar **beseitigt** werden.

Das Konzept "Inversion of Control" wird auch als **"Hollywood Principle"** bezeichnet, nach dem gilt: **"Don't call us, we'll call you"**.

UI-Frameworks wie WPF oder JavaFX verwenden diese Technik, um auf Benutzerinteraktionen zu reagieren.

Kapitel 8.1 betrachtet die Historie der "Inversion of Control".

Kapitel 8.2 listet die Ziele von "Inversion of Control" auf.

Kapitel 8.3 stellt das Beobachtermuster als eine Technik zur Implementierung von "Inversion of Control" vor. Wird beispielsweise nach diesem Muster ereignisorientiert programmiert, so muss ein Beobachter nicht mehr pollen, um Informationen über Daten- bzw. Zustandsänderungen des beobachteten Objekts zu erhalten. Hingegen wird er vom beobachteten Objekt selbst informiert. In beiden Fällen – ob gepollt oder ereignisorientiert gearbeitet wird – werden die Daten des beobachteten Objekts vom Beobachter benötigt.

Auf **Callback-Schnittstellen von Frameworks** wird in Kapitel 8.4 eingegangen. Hierbei gibt ein Framework eine Abstraktion vor, welche ein selbst programmiertes Modul implementieren muss. Damit kann ein Framework die hinter der Callback-Schnittstelle stehende Funktion aufrufen. Anstatt, dass ein selbst geschriebenes Modul Routinen eines Framework verwendet und wie früher die Steuerung des Programms selbst durchführt, wird bei Einsatz von "Inversion of Control" das selbst geschriebene Modul zur Laufzeit vom Framework beim Eintreffen bestimmter Ereignisse über die implementierte Callback-Schnittstelle aufgerufen.

Kapitel 8.5 diskutiert die Vor- und Nachteile von "Inversion of Control".

---

[86] abgekürzt als IoC

Anschließend wird in Kapitel 8.6 ein ausführliches Programmbeispiel gegeben.

8.1 Historie

Martin Fowler [Fow05] führte den Begriff "Inversion of Control" zurück auf das Papier "Designing Reusable Classes" von Johnson und Foote im Journal of Object-Oriented Programming im Jahre 1988 (siehe [Joh88]).

Der zu "Inversion of Control" synonyme Begriff **"Hollywood Principle"** scheint nach Martin Fowler [Fow05] aus einer Veröffentlichung von Richard E. Sweet über die Programmierumgebung MESA im Jahre 1985 zu stammen [Swe85].

8.2 Ziele

Hinter dem Entwurfsprinzip "Inversion of Control" stehen die folgenden Ziele:

- **Vertauschen der Kontrolle**

  Der Kontrollfluss wird nicht mehr vom selbst geschriebenen Programm vorgegeben, sondern durch das beobachtete Programm – oftmals durch die Ereignisse eines Framework – (**ereignisorientierte Programmierung**). Eine ereignisorientierte Programmierung beruht auf der Umkehr der Kontrolle.

- **Modularität und Wartbarkeit**

  Das Programm soll modularer und wartbarer werden, indem die Programmteile des Auslösens eines Ereignisses und seine Verarbeitung getrennt werden.

- **Erhöhung der Testbarkeit**

  Durch die Entkopplung von "Was wird getan" und "Wann wird es getan" wird die Testbarkeit gesteigert.

Kommentar des Autors:

Durch die Entkopplung von "Was wird getan" und "Wann wird es getan" wird der Code nicht mehr rein sequenziell von oben nach unten, sondern ereignisorientiert abgearbeitet.

Um den Programmablauf – besonders in Verbindung mit Frameworks – nachzuvollziehen, müssen zwei verschiedene Stellen des Programms im Zusammenhang betrachtet werden, zum einen die Stelle, an welcher die Aktion ausgelöst wird, und zum anderen die Stelle, an der die Reaktion auf die Aktion stattfindet.

8.3 Ereignisorientierte Programmierung anstelle von Pollen

Zunächst soll hier ein **pollender**[87] **Kunde** betrachtet werden, der als **Listener** Werte von einem zu pollenden Programm abfragt, wie die folgende Abbildung zeigt:

87 Polling bezeichnet in der Informatik die Methode, ein Ereignis oder eine Werteänderung mittels zyklischem Abfragen der Quelle zu ermitteln.

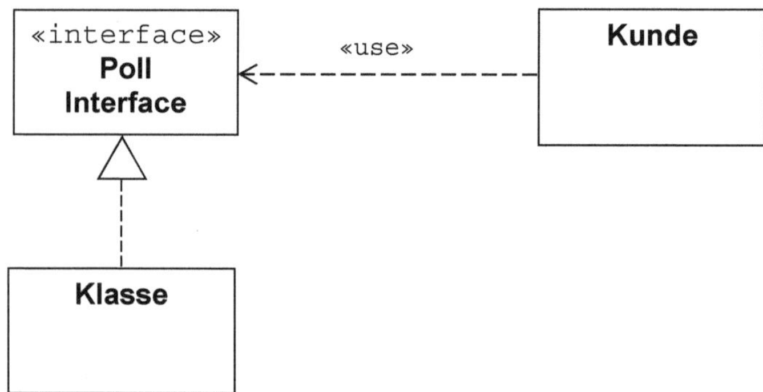

Abbildung 8-1 Pollender Kunde

Pollen verbraucht durch das zyklische Abfragen viel Rechenzeit. Der Gepollte muss darüber hinaus einem pollenden Kunden eine Schnittstelle zum Abrufen von Daten bzw. zum Abfragen einer Zustandsänderung anbieten.

Im Folgenden wird das **Beobachtermuster** (engl. **observer pattern**) als potenzielle Lösung des Polling-Problems vorgestellt. Das Beobachtermuster setzt "Inversion of Control" um.

Damit das beobachtbare Objekt einen Beobachter ereignisorientiert aufrufen kann und dabei nicht vom Beobachter abhängig wird, muss nach dem Beobachter-Muster jeder Beobachter eine **Callback-Schnittstelle**, welche das zu beobachtende Objekt vorgibt, implementieren.

Dies führt zu der folgenden Architektur:

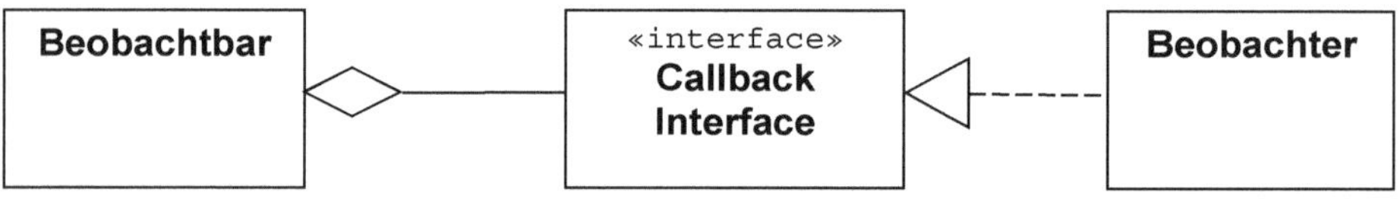

Abbildung 8-2 Architektur mit einer Callback-Schnittstelle

Die Architektur zur Erreichung einer "Inversion of Control" ist dabei von der Konstruktion her ähnlich zum "Dependency Inversion Principle" in Hierarchien. In beiden Fällen wird eine **Abstraktion** aggregiert, um Nutzen aus dem liskovschen Substitutionsprinzip zu ziehen.

Die Abstraktion wird vom Aggregierenden selbst vorgegeben.

Die Klassen `Beobachtbar` und `Beobachter` des Beobachtermusters stehen jedoch nicht wie die Klassen des "Dependency Inversion Principle" in einer hierarchischen Beziehung zueinander, sondern befinden sich auf derselben Ebene. Berücksichtigt man noch, dass ein Beobachter auf den Beobachtbaren über die von diesem vorgegebene

Schnittstelle `IBeobachtbar` zugreift, beispielsweise um sich als Beobachter an- und abzumelden, so kommt man zum Klassendiagramm des Beobachtermusters. Dies ist im Folgenden in der Variante des sogenannten Pull-Prinzips dargestellt:

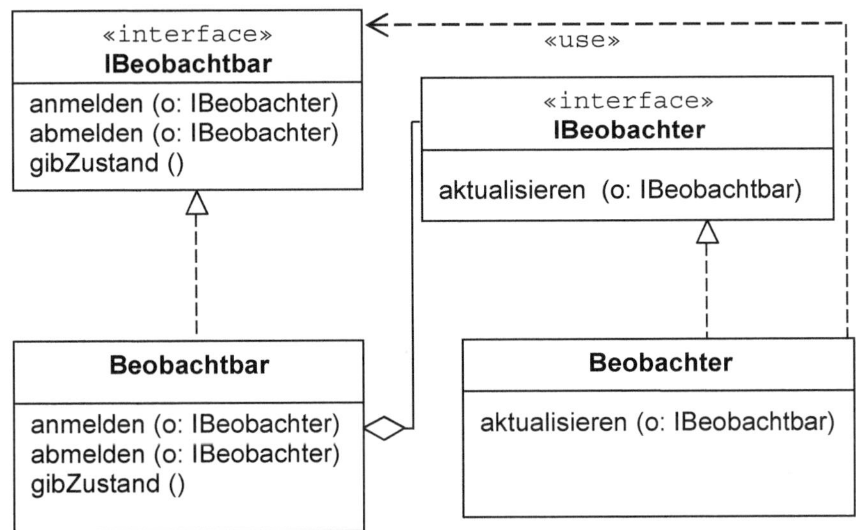

Abbildung 8-3 Klassendiagramm des Beobachtermusters

Durch die Vorgabe der **Callback-Schnittstelle** `IBeobachter` mit dem Methodenkopf `aktualisieren (o: IBeobachtbar)` durch den Beobachtbaren ist der Beobachtbare vom Beobachter unabhängig. Ein Beobachter muss die vorgegebene Schnittstelle `IBeobachter` implementieren.

Der Beobachtbare ruft seine Beobachter über die von ihm selbst vorgegebene **Callback-Schnittstelle** auf. Dem Beobachtbaren bleibt die Implementierung der Callback-Schnittstelle unbekannt, da er ja selber nur deren Abstraktion vorgibt.

Beim Beobachter-Muster gibt es zwei Varianten:

- das **Push-Prinzip** und
- das **Pull-Prinzip**.

Verwendet man das **Pull-Prinzip**, das in Abbildung 8-3 dargestellt ist, so informiert der Beobachtbare den Beobachter über die Änderung seiner Daten bzw. seines Zustands mit Hilfe der Methode `aktualisieren()`. Daraufhin holt sich der Beobachter durch Aufruf der Methode `gibZustand()` beim Beobachtbaren die geänderten Daten ab.

Beim **Push-Prinzip** hingegen sendet der Beobachtbare gleich die geänderten Daten an den Beobachter mit. Die Methode `aktualisieren()` muss dann entsprechend parametrisiert werden und die Methode `gibZustand()` kann entfallen.

8.4 "Inversion of Control" bei Frameworks

Bei Anwendung des Konzepts **"Inversion of Control"** auf Frameworks ist ein selbst geschriebenes Modul von der Callback-Schnittstelle, welche das wiederverwendbare Framework vorgibt, abhängig.

Diese Callback-Schnittstelle des Framework muss von einem selbst geschriebenen Modul implementiert werden. Das Modul kann sich zur Laufzeit beim Framework anmelden[88] und von diesem über die vom Framework spezifizierte, jedoch vom Modul implementierte Callback-Schnittstelle aufgerufen werden.

Statt dass das selbst geschriebene Modul den Kontrollfluss steuert und lediglich Funktionen einer Bibliothek aufruft, wird die Steuerung der Ausführung bestimmter Programmteile des selbst geschriebenen Moduls an das Framework abgegeben, welches die Kontrolle übernimmt. Bei Vorliegen eines Ereignisses wird die entsprechende Funktion des selbst geschriebenen Moduls über die vom Framework vorgegebene Callback-Schnittstelle durch das Framework aufgerufen.

Bei einfachen Anwendungen von "Inversion of Control" wie beim Beobachtermuster (hier ist die Multiplizität in der Regel 1 : n, d. h. ein Beobachtbarer und viele Beobachter) ist ein **Anmeldeverfahren** praktikabel. Ein Framework benötigt aber oft mehrere unterschiedliche Objekte (für jedes Ereignis aber nur jeweils eins). Hier kann man auch **Dependency Lookup** und **Dependency Injection** gut einsetzen. Die Objekte melden sich dabei in das Register des Framework an oder das Framework bringt einen Injektor mit, der beispielsweise eine Konfigurationsdatei einliest und auf Basis dieser Information das Framework mit Objekten versorgt.

"Inversion of Control" bedeutet in der Praxis oft, dass ein selbst geschriebenes Modul die Steuerung des Kontrollflusses an ein wiederverwendbares Modul abgibt. Dabei werden der wiederverwendbare und der problemspezifische Code getrennt voneinander entwickelt. Beide Programme arbeiten aber trotzdem in derselben Anwendung zusammen.

8.5 Bewertung

"Inversion of Control" ist ein Konzept, um eine Umkehr der Kontrolle zu erreichen, falls dies erwünscht ist.

Die folgenden **Vorteile** werden gesehen:

---

88 Das Framework gibt vor, ob ein Anmeldeverfahren wie beim Beobachtermuster in Kapitel 8.3 durchzuführen ist oder ob die zu benachrichtigenden Objekte per "Dependency-Lookup" oder per "Dependency Injection bekannt gemacht werden. Das Konzept "Inversion of Control" schreibt nicht vor, wie ein Beobachtbarer Kenntnis von Beobachtern erhält.

- **Wandelbarkeit durch Trennung des Auslösens eines Ereignisses und der Reaktion auf dieses Ereignis**

  Der Kontrollfluss eines Programms legt die Abarbeitungsreihenfolge von Anweisungen fest. Er bestimmt, "was" "wann" getan wird. In vielen Programmen werden diese beiden Aspekte an einer einzigen Stelle im Programmcode definiert. Beispielsweise erledigt eine Funktion eine bestimmte Aufgabe und ruft dann je nach Erfolg dieser Aufgabe selbst eine definierte Folge-Funktion auf. Hierbei werden die beiden Aspekte des "Wann" – also der Zeitpunkt des Auftretens des Ereignisses – und der Ausprägung der Reaktion – je nach Ergebnis wird eine definierte Folge-Funktion ausgeführt – an einer einzigen Stelle festgelegt.

  Bei "Inversion of Control" liegt der **Aufruf der Reaktion im Beobachtbaren**, die **Festlegung der Reaktion** erfolgt jedoch **im Beobachter**.

  Durch diese Trennung steigert sich die Wandelbarkeit. So muss die aufrufende Funktion bei einer Änderung der Reaktion auf das Ereignis selbst nicht angepasst und neu getestet werden. Sie bleibt somit stabil und erfüllt somit auch das "Open-Closed Principle".

- **Wiederverwendbarkeit durch Trennung des Auslösens eines Ereignisses und der Reaktion auf dieses Ereignis**

  Zusätzlich steigt auch die Wiederverwendbarkeit, da sowohl die Aufgabe als auch die Reaktion voneinander unabhängig sind. Bei Frameworks, welche das Prinzip "Inversion of Control" umsetzen, definiert das Framework, "wann" ein Ereignis ausgelöst wird. Der Programmierer des selbst geschriebenen Programms definiert, "was" getan wird, d. h. wie die Reaktion aussieht.

Doch das Konzept "Inversion of Control" hat auch einen **Nachteil**:

- **unterbrochener Lesefluss**

  Bei der Verwendung von "Inversion of Control" wird der von der sequenziellen Programmierung gewohnte Lesefluss gestört. Um den Programmablauf zu verstehen, muss ein Entwickler im Programmcode an zwei verschiedenen Stellen nachschauen.

Im Folgenden wird für "Inversion of Control" ein ausführliches Programmbeispiel gegeben.

8.6 Beispielprogramm

Das folgende Programm zeigt ein einfach gehaltenes Beispiel für "Inversion of Control" in Anlehnung an nachrichtenbasierte Frameworks wie Apache ActiveMQ[89] oder RabbitMQ[90]. Diese Frameworks verwenden "Inversion of Control", um – vergleichbar mit dem Beobachtermuster – Nachrichtenempfänger ereignisorientiert über neue Nachrichten zu informieren, sodass diese nicht pollend das Vorliegen neuer Nachrichten

[89] https://activemq.apache.org
[90] https://www.rabbitmq.com

überprüfen müssen. Als zentrales Element stellen nachrichtenbasierte Frameworks einen **Vermittler** bereit. An diesem Vermittler können sich Nachrichtenempfänger für bestimmte Themen registrieren beziehungsweise registriert werden. Zudem können Nachrichtensender unkompliziert Nachrichten für bestimmte Themen veröffentlichen, indem sie diese an den Vermittler schicken. Der Vermittler leitet sie dann an die angemeldeten Nachrichtenempfänger weiter. Auf diese Weise wird erreicht, dass Nachrichtenempfänger und Nachrichtensender nur lose über den Vermittler gekoppelt sind.

Um das Prinzip "Inversion of Control" in Zusammenhang mit dem Vermittler darzulegen, wird das Beobachtermuster aufgegriffen (vergleiche Abbildung 8-4). Die Klasse des Vermittlers gibt dabei eine Schnittstelle `IAbonnent` vor, welche Abonnenten implementieren müssen. Solche abonnierenden Objekte werden im folgenden Beispiel repräsentiert durch die Klasse `KonsolenAbonnent`. Ein Objekt vom Typ `KonsolenAbonnent` kann sich durch die Schnittstelle `IVermittler` beim Vermittler für bestimmte Themen anmelden bzw. angemeldet werden. Nachfolgend das Klassendiagramm:

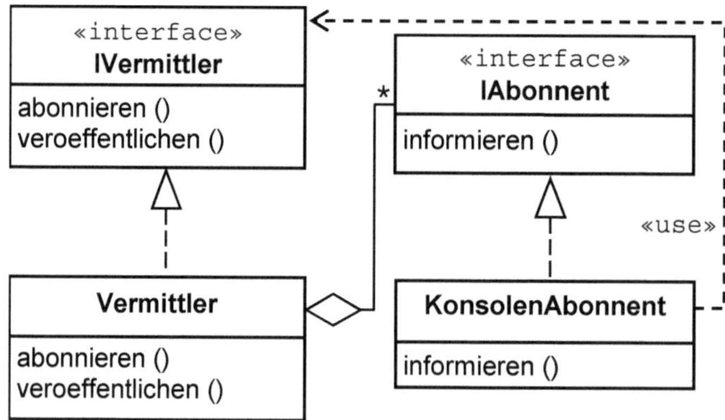

Abbildung 8-4 Klassendiagramm für den Vermittler nach dem Beobachtermuster

Durch die Schnittstelle `IAbonnent` stellt der Vermittler eine **Callback-Schnittstelle** zur Verfügung. Dadurch wird es möglich, interessierte Abonnenten über das Vorliegen von Nachrichten zu einem bestimmten Thema zu informieren. Die Schnittstelle ist wie folgt gegeben:

```
// Datei: IAbonnent.java

public interface IAbonnent
{
   void informieren (String thema, String nachricht);
}
```

Die einzige konkrete Implementierung der Schnittstelle `IAbonnent` ist in diesem Beispiel die Klasse `KonsolenAbonnent`. Bei einem gemäß "Inversion of Control" durch den Vermittler initiierten Aufruf der Methode `informieren()` gibt der Konsolenabonnent die dabei übermittelte Nachricht einfach nur auf die Konsole aus. Es könnten aber auch weitere Implementierungen von `IAbonnent` existieren wie zum Beispiel eine

Klasse `DateiAbonnent`, welche die empfangene Nachricht in eine Datei schreibt. Nachstehend die Klasse `KonsolenAbonnent`:

```
// Datei: KonsolenAbonnent.java

public class KonsolenAbonnent implements IAbonnent
{
   @Override
   public void informieren (String thema, String nachricht)
   {
      System.out.println ("Neue Nachricht erhalten.\r\n" +
                          "  Thema : " + thema + "\r\n" +
                          "  Inhalt: " + nachricht);
   }
}
```

Das Herzstück dieses Beispiels ist der Vermittler. Er stellt über die **Schnittstelle `IVermittler` zwei Methoden** zur Verfügung, um **Abonnenten zu registrieren** und um **Nachrichten zu versenden bzw. zu veröffentlichen**. Nachrichten, die über die Methode `veroeffentlichen()` an einen Vermittler geschickt werden, leitet dieser dann an die interessierten Abonnenten weiter (vergleichbar mit dem Push-Prinzip des Beobachtermusters). Das Abmelden von Abonnenten wird zur Vereinfachung des Beispiels hier nicht betrachtet. Die Schnittstelle `IVermittler` ist nachfolgend dargestellt:

```
// Datei: IVermittler.java

public interface IVermittler
{
   // Hiermit koennen Abonnenten Interesse an einem Thema anmelden.
   void abonnieren (String thema, IAbonnent abonnent);

   // Hiermit werden alle Abonnenten mit Interesse an dem
   // konkreten Thema ueber eine neue Nachricht informiert.
   void veroeffentlichen (String thema, String nachricht);
}
```

Die konkrete Implementierung hinter der Schnittstelle `IVermittler` kann je nach Einsatzzweck bzw. verwendetem Framework unterschiedlich ausfallen. Eine einfache Implementierung eines Vermittlers kann beispielsweise wie folgt aussehen:

```
// Datei: Vermittler.java

import java.util.List;
import java.util.ArrayList;
import java.util.HashMap;
import java.util.Map;

public class Vermittler implements IVermittler
{
   Map<String, List<IAbonnent>> abonnenten = new HashMap<>();

   @Override
   public void veroeffentlichen (String thema, String nachricht)
   {
```

```
      if (abonnenten.containsKey (thema))
      {
         for (IAbonnent abonnent : abonnenten.get(thema))
         {
            abonnent.informieren (thema, nachricht);
         }
      }
   }

   @Override
   public void abonnieren (String thema, IAbonnent abonnent)
   {
      if (!abonnenten.containsKey (thema))
      {
         abonnenten.put (thema, new ArrayList<IAbonnent>());
      }
      abonnenten.get (thema).add (abonnent);
   }
}
```

Wie Nachrichten veröffentlicht und anschließend über die Callback-Schnittstelle übermittelt werden können, soll durch das nachfolgende Hauptprogramm aufgezeigt werden. Dieses Hauptprogramm besitzt allerdings aus Vereinfachungsgründen drei Verantwortlichkeiten. Die folgenden Anregungen zeigen, wie diese Verantwortlichkeiten getrennt werden könnten:

- **Instanziierung des Vermittlers**

  Das Hauptprogramm instanziiert u. a. einen konkreten Vermittler. Anstelle dessen können Vermittler beispielsweise über "Dependency Lookup" in einem Register gesucht werden. Wird wie in dem vorliegenden Beispiel nur ein einziger Vermittler benötigt, so bietet sich auch das Singelton-Pattern an.

- **Anmeldung von Abonnenten**

  An dem Vermittler registriert das Hauptprogramm einen Abonnenten für zwei unterschiedliche Themen. Es ist aber auch denkbar und üblich, dass sich Abonnenten selbst bei einem Vermittler für Themen anmelden.

- **Veröffentlichung von Nachrichten**

  Neben der Instanziierung und der Anmeldung übernimmt das Hauptprogramm auch das Veröffentlichen von Nachrichten. Allerdings werden normalerweise Nachrichtenquellen als eigenständige Objekte realisiert.

Nachstehend das Hauptprogramm:

```
// Datei: Hauptprogramm.java

public class Hauptprogramm
{
   public static void main (String[] args)
   {
```

```
        // Instanziiere Objekte
        IVermittler vermittler = new Vermittler();
        IAbonnent   abonnent   = new KonsolenAbonnent();

        // Melde Interesse fuer die Themen Fehler und Warnungen an.
        vermittler.abonnieren ("Fehler",  abonnent);
        vermittler.abonnieren ("Warnung", abonnent);

        // Versende Nachrichten fuer die Themen Fehler und Info.
        vermittler.veroeffentlichen ("Fehler", "Fehlernachricht");
        vermittler.veroeffentlichen ("Info",   "Infonachricht");
    }
}
```

Der sequenzielle Ablauf des Hauptprogramms wird in nachfolgendem Sequenzdiagramm dargestellt:

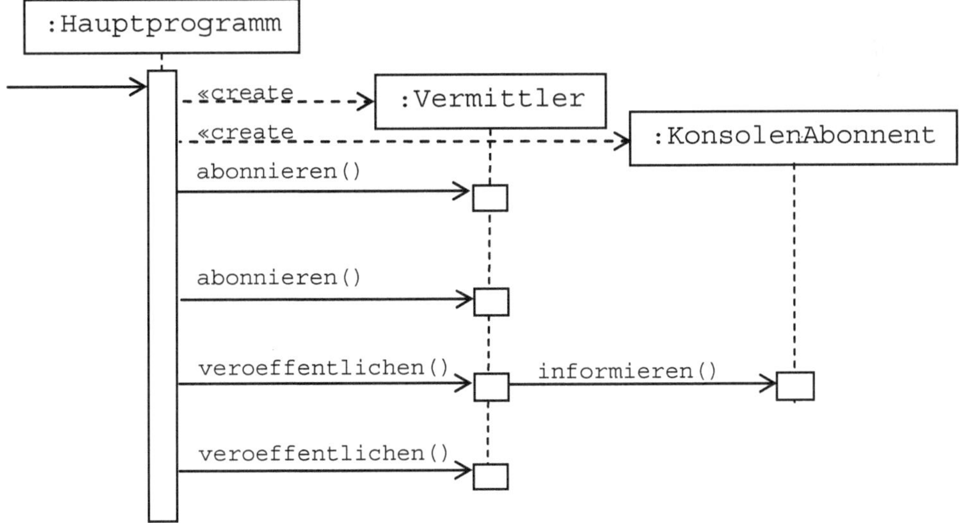

Abbildung 8-5 Sequenzdiagramm für die Information eines Abonnenten

Beim ersten Aufruf der Methode `veroeffentlichen()` soll der Vermittler eine Nachricht zum Thema "Fehler" weiterleiten. Der Vermittler findet zu diesem Thema einen Abonnenten und übermittelt an ihn die Nachricht `informieren()`. Der dadurch informierte Konsolenabonnent gibt die Nachricht anschließend aus, wie in der folgenden Ausgabe des Programms zu sehen ist. Beim zweiten Aufruf der Methode `veroeffentlichen()` erhält der Vermittler eine Nachricht mit dem Thema "Info". Zu diesem Thema hat der Vermittler keine angemeldeten Abonnenten, daher kann er auch niemanden informieren. Folglich gibt es in Abbildung 8-5 keinen zweiten Aufruf der Methode `informieren()` und in der Programmausgabe erscheint auch die Nachricht zum Thema "Info" nicht.

Die Ausgabe des Programms ist:

```
Neue Nachricht erhalten.
  Thema : Fehler
  Inhalt: Fehlernachricht
```

Durch die Verwendung des Vermittlers besteht keine direkte Referenz zwischen Nachrichtensender und Nachrichtenempfänger. Beide müssen jedoch den Vermittler kennen, denn durch diesen werden Nachrichtenempfänger über das Vorliegen von Nachrichten benachrichtigt und müssen nicht selbst nach neuen Nachrichten fragen. Somit werden durch "Inversion of Control" Sender und Empfänger nur lose gekoppelt und zudem können Ressourcen für das alternative zyklische Nachfragen eingespart werden.

8.7 Zusammenfassung

Das Konzept "Inversion of Control" führt zur Umkehr der Kontrolle zwischen zwei zusammenwirkenden Programmteilen. Während normalerweise ein Modul die Steuerung des Kontrollflusses vorgibt, führt der Einsatz des Konzeptes "Inversion of Control" zu einer ereignisorientierten Programmierung. Viele Frameworks verwenden beispielsweise diese Technik und erzeugen Ereignisse, auf welche das eigentliche Programm reagieren muss. Ein Programm beschreibt nicht mehr, wann und in welcher Reihenfolge was aufgerufen werden soll, sondern nur noch was bei Auftreten eines bestimmten Ereignisses getan werden soll.

Durch Trennung des Auslösens eines Ereignisses und der Reaktion auf dieses Ereignis verbessert man die **Wandelbarkeit**, weil beide Seiten leichter geändert werden können, ohne dabei die jeweils andere Seite zu beschädigen. Aus dem gleichen Grund wird die **Wiederverwendbarkeit** beider Seiten erhöht.

Kapitel 9

Übersicht über die vorgestellten Entwurfsprinzipien und Konzepte

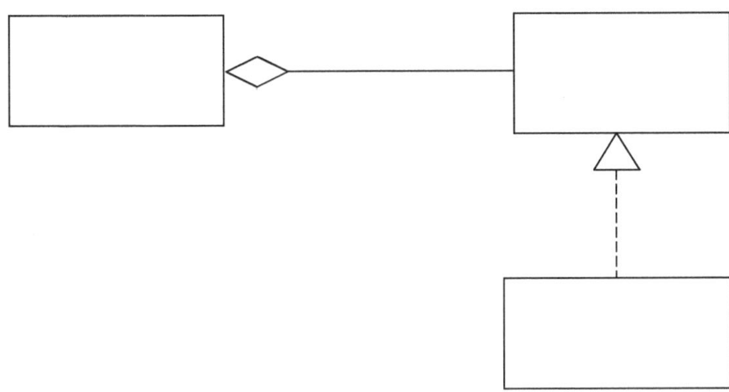

9.1 Entwurfsprinzipien zur modularen Struktur von Systemen
9.2 Entwurfsprinzipien zur Reduktion der Komplexität
9.3 Entwurfsprinzipien für die Konstruktion schwach gekoppelter Teilsysteme
9.4 Entwurfsprinzipien und Konzepte für korrekte Programme
9.5 Prinzipien für die Stabilität und Erweiterbarkeit bei Programmänderungen
9.6 Das Konzept "Inversion of Control"

J. Goll, *Entwurfsprinzipien und Konstruktionskonzepte der Softwaretechnik*,
https://doi.org/10.1007/978-3-658-25975-4_9

9 Übersicht über die vorgestellten Entwurfsprinzipien und Konzepte

In diesem Kapitel werden die behandelten Entwurfsprinzipien und Konzepte gemäß der Gliederung dieses Buchs vorgestellt.

9.1 Entwurfsprinzipien zur modularen Struktur von Systemen

Auf der **Systemebene** sorgen die Prinzipien **"Teile und Herrsche"** (siehe Kapitel 3.1) sowie **"Design to Test"** (siehe Kapitel 3.2) für die Reduktion der Komplexität eines Systems durch die gezielte Betrachtung von Teilsystemen. Das Prinzip "Teile und Herrsche" wird im Problembereich, im Lösungsbereich und beim Testen verwendet.

Man verwendet das Prinzip **"Teile und Herrsche"**, wenn die Komplexität des betrachteten Systems zu groß für eine unmittelbare Bearbeitung des Systems ist. Man zerlegt dann das System in Teilsysteme einer verringerten Komplexität, löst die Teilprobleme und fügt die Lösungen der verschiedenen Teilsysteme als Bausteine zum Ganzen zusammen. Dieses Prinzip nimmt keinen direkten Einfluss auf die Architektur eines Systems.

Das Prinzip **"Design to Test"** fordert einfach zu testende Systeme und führt damit zur Verringerung der Kosten für das Testen. Das Prinzip "Design to Test" führt durch sein Ziel einer guten Testbarkeit zu unabhängig testbaren Teilsystemen. Die Architektur eines Systems soll einen verringerten Testaufwand haben. Dieses Prinzip kann die Architektur eines Systems stark beeinflussen.

9.2 Entwurfsprinzipien zur Reduktion der Komplexität

Es wurden in Kapitel 4 die folgenden Prinzipien betrachtet:

- KISS (siehe Kapitel 4.1),
- YAGNI (siehe Kapitel 4.2),
- DRY (siehe Kapitel 4.3) und
- "Single Level of Abstraction" (siehe Kapitel 4.4)

Die eigentliche Bedeutung der Prinzipien KISS, YAGNI und DRY liegt darin, dass man überflüssige Dinge unterlassen soll, nämlich:

- unnötige Komplexitäten im System,
- vom Kunden nicht benötigte Funktionen und Generalisierungen sowie
- Replikate.

KISS betrachtet das Vermeiden von Überflüssigem. Je weniger Komponenten ein System nach KISS hat, umso weniger Abhängigkeiten kann es zwischen den Komponenten geben. Vom Kunden nicht geforderte Features wie z. B. Generalisierungen durch die Entwickler sollen nach dem Prinzip **YAGNI** vermieden werden, um unnötige Abhängigkeiten zu vermeiden. Gibt es infolge des Prinzips **DRY** keine Replikate, so müssen diese bei Änderungen ihrer Quelle nicht nachgeführt werden. Damit entfallen Abhängigkeiten.

Die genannten Prinzipien KISS, YAGNI und DRY nehmen keinen direkten Einfluss auf die Konstruktion der Architektur eines Systems[91], sie sorgen aber für

- eine bessere Verständlichkeit der Programme,
- mehr Stabilität sowie
- eine Abschwächung von wechselseitigen Abhängigkeiten und damit für eine verbesserte Wandelbarkeit eines Systems und seiner Architektur.

Die Prinzipien KISS, YAGNI und DRY schränken die Komplexität des Aufbaus von Systemen ein und reduzieren die Zahl der Elemente eines Systems.

Das Prinzip **"Single Level of Abstraction"** (siehe Kapitel 4.4) will verhindern, dass in einem Code zwischen verschiedenen Abstraktionsniveaus gewechselt werden muss. Es will die Verständlichkeit von Programmen verbessern und die Komplexität verringern, indem es fordert, dass alle Anweisungen einer Methode dasselbe Abstraktionsniveau aufweisen sollen. Dies erhöht die Verständlichkeit. Anweisungen sollen so gruppiert werden, dass man für jede Gruppe von Anweisungen dasselbe Abstraktionsniveau der Anweisungen erhält. Diese Gruppen sollen als getrennte Methoden ausgewiesen werden. Man darf aber nicht vergessen, dass diese Strategie beim Lesen des Programms zu einem "Inlining" im Kopf führen muss, falls kein expressiver Methodenname gewählt wurde und die Struktur des Programms dadurch nicht klar ist.

9.3 Entwurfsprinzipien und Konzepte für schwach gekoppelte Teilsysteme

Die **Wandelbarkeit** wird wesentlich durch eine Reduktion der Abhängigkeiten gefördert. Dadurch wird ein System auch **einfacher**. Die **Stabilität der Software im Betrieb** wird verbessert, da der Ausbreitung von Fehlern durch das Vermeiden starker Kopplungen zwischen den Komponenten entgegengewirkt wird. Hierbei ist es nicht von Belang, ob diese Fehler durch Programmierfehler oder durch Fehleingaben zustande kommen.

Zu einer Verringerung der Zahl der Abhängigkeiten bzw. zur Abschwächung von Abhängigkeiten führen die **Prinzipien** und **Konzepte**:

- **"Loose Coupling and Strong Cohesion"**

  "Loose Coupling and Strong Cohesion" (siehe Kapitel 5.1) will die Wechselwirkungen zwischen Modulen herabsetzen und damit die wechselseitigen Abhängigkeiten abschwächen sowie eine starke Kohäsion innerhalb eines einzelnen Moduls haben. Dieses Ziel ist nur zu erreichen, wenn in der Praxis Schnittstellen eingesetzt werden (Benutzungsabstraktion). Dadurch sind die Implementierungen von Modulen verborgen. Die Einführung von Schnittstellen bei allen Modulen erlaubt es, Teilsysteme einzuführen, die nicht von der Implementierung anderer Teilsysteme abhängig sind. Das ist eine Grundvoraussetzung für Änderbarkeit und Stabilität. Die

[91] siehe "Architektur eines Systems" im Begriffsverzeichnis

Implementierungen können geändert werden, ohne die Stabilität des Systems zu gefährden, solange die Schnittstellen des Systems nicht verändert werden. Das Prinzip "Loose Coupling and Strong Cohesion" fördert die Unabhängigkeit der Komponenten, die Einfachheit einer Systemarchitektur, die Wandelbarkeit der Module und die Stabilität des Systems.

- **Abstraktion** und **"Information Hiding"**

Abstraktion (siehe Kapitel 1.2.2) erlaubt es, sich auf das Wesentliche zu konzentrieren und das Unwesentliche wegzulassen. Abstraktion erlaubt es, schmale Benutzungsschnittstellen anzubieten (Benutzungsabstraktion). Das Prinzip "**Information Hiding**" (siehe Kapitel 5.2) erfordert zum Verstecken der Implementierung eines Moduls schmale Schnittstellen des Moduls nach außen als Abstraktion der Implementierung. Dabei wird die Implementierung durch "Information Hiding" verborgen. Solange die Schnittstelle gleich bleibt, kann die Implementierung geändert werden.

Bei Objekten bedeutet Abstraktion und "Information Hiding" nicht nur eine schmale Schnittstelle, sondern nach dem Geheimnisprinzip auch das Verstecken

- der Daten,
- von Servicemethoden des eigenen Objekts und
- der Methodenrümpfe der Schnittstellenmethoden eines Objekts

im nicht zugänglichen Inneren einer Kapsel.

Bei Einhalten von "Information Hiding" sind die verschiedenen Objekte über schmale Schnittstellen als Abstraktion der Schnittstellenmethoden nur schwach gekoppelt ("Loose Coupling").

Die Prinzipien Abstraktion und "Information Hiding" erhöhen die Einfachheit und Verständlichkeit sowie die Wandelbarkeit und die Stabilität eines Systems.

- **"Separation of Concerns"**

"Separation of Concerns" (siehe Kapitel 5.3) ist ein Denkkonzept, welches das betrachtete Teilsystem zentral in den Mittelpunkt stellt und die verschiedenen Teilsysteme gedanklich entkoppelt. "Separation of Concerns" ist ein Prinzip, das besagt, dass im Falle eines Systems ein Belang (engl. concern) sauber von den anderen Belangen des Systems abzugrenzen ist. Ein Belang repräsentiert dabei ein bestimmtes Interesse in einem Programm. Mit "Separation of Concerns" werden Abhängigkeiten verringert und Systeme besser verständlich.

Nach diesem Prinzip sollen alle Features eines Systems jeweils getrennt für sich betrachtet werden. Damit sind sie nicht von anderen Features abhängig. Dieses Prinzip fordert die Unabhängigkeit der Komponenten und fördert damit die Wandelbarkeit der Architektur sowie die Stabilität im Betrieb des Systems.

- **"Law of Demeter"**

Das "**Law of Demeter**" (siehe Kapitel 5.4) konkretisiert das Prinzip "Loose Coupling and Strong Cohesion" für objektorientierte Systeme und spezifiziert, welche Methodenzugriffe im Hinblick auf die Reduktion der Abhängigkeiten erwünscht sind und welche nicht. Nach dem "Law of Demeter" wird ein "schüchterner" Code geschrieben, bei dem ein Objekt nicht über ein zweites Objekt auf ein drittes Objekt zugreifen darf. Damit wird die Verständlichkeit und die Wandelbarkeit erhöht. Das "Law of Demeter" schränkt die Kopplungen der Objekte ein, führt zu einfachen Kommunikationsstrukturen und erhöht die Wandelbarkeit. Dadurch wird die Einfachheit und Verständlichkeit erhöht sowie die Wandelbarkeit und Stabilität im Betrieb verbessert.

- **"Dependency Inversion Principle"**

  Das "Dependency Inversion Principle" (siehe Kapitel 5.5) fordert, dass eine Klasse eine Abstraktion ihrer Services selbst vorgibt. Dadurch wird die aufrufende Klasse unabhängig von einer auf tieferer Ebene aufgerufenen Klasse. Die Wandelbarkeit wird erhöht und die Stabilität des Programms im Betrieb verbessert.

- **"Interface Segregation Principle"**

  Nach dem "Interface Segregation Principle" (siehe Kapitel 5.6) sollen einem Client nur Methoden einer Schnittstelle angeboten werden, die von diesem wirklich benötigt werden. Das "Interface Segregation Principle" will vermeiden, dass Schnittstellen zu "mächtig" sind. Sie sollen schmal sein und nur die vom jeweiligen Client benötigten Methoden verwenden (Rollen-Schnittstellen), um bei Änderungen der Programme Wechselwirkungen und damit Fehlersituationen zwischen verschiedenen Objekten zu vermeiden. Dies erhöht die Wandelbarkeit des Systems, seine Einfachheit und die Stabilität im Betrieb.

- **"Single Responsibility Principle"**

  Das "Single Responsibility Principle" (siehe Kapitel 5.7) ist verwandt mit dem Prinzip "Separation of Concerns". Jedes Modul soll eine einzige Verantwortlichkeit haben. Eine Verantwortlichkeit darf sich nicht über verschiedene Module erstrecken, da die verschiedenen Module bei Änderungen sonst stark gekoppelt wären. Durch Anwendung dieses Prinzips werden bei Änderungen einer Verantwortlichkeit unbeabsichtigte Beschädigungen anderer Verantwortlichkeiten vermieden, da andere Verantwortlichkeiten sich in anderen Modulen befinden. Dies erhöht die Wandelbarkeit und die Stabilität aufgrund der fehlenden Wechselwirkungen.

- **"Dependency Lookup"** sowie **"Dependency Injection"**

  Die Konzepte "Dependency Lookup" und "Dependency Injection" (siehe Kapitel 5.8) schwächen beim Erzeugen von Objekten Abhängigkeiten in einem Programm ab. Bei "Dependency Lookup" und "Dependency Injection" werden Informationen über Objekte in einer zentralen Instanz gespeichert. Bei "Dependency Lookup" werden die Informationen in der zentralen Instanz – oft einem Register – gesucht. Bei "Dependency Injection" generiert der sogenannte Injektor unabhängig vom eigentlichen Programm die Objekte, welche an die Stelle der im Programm benutzten Abstraktion treten.

  Beide Prinzipien erhöhen die Wandelbarkeit und Stabilität im Betrieb des entsprechenden Programms.

9.4 Entwurfsprinzipien und Konzepte für korrekte Programme

Durch den Einsatz von Entwurfsprinzipien bzw. Konzepten soll eine hohe innere Qualität der Software sichergestellt werden. Behandelt wurden die Prinzipien und Konzepte:

- **"Design by Contract"**

  Das Konzept **"Design by Contract"** (siehe Kapitel 6.1) fordert für die **Beziehungen von Programmen** eine formale Übereinkunft zwischen den beteiligten Partnern in Form von sogenannten Verträgen, in welchen präzise definiert wird, unter welchen Umständen ein korrekter Ablauf eines Programms erfolgt. Verträge müssen auch bei polymorphen Erweiterungen von Basisklassen eingehalten werden. Eine polymorphe Erweiterung betrifft eine statische Ableitung oder die Realisierung einer aggregierten polymorphen Abstraktion, die sogenannte "Objektkomposition", zur Laufzeit.

- **Liskovsches Substitutionsprinzip**

  Das **liskovsche Substitutionsprinzip** (siehe Kapitel 6.2) **in Verbindung mit "Design by Contract"** trägt wesentlich zur Korrektheit von Programmen mit polymorphen Objekten bei. Das liskovsche Substitutionsprinzip postuliert, dass eine Referenz auf ein Objekt einer Basisklasse jederzeit auch auf ein Objekt einer abgeleiteten Klasse zeigen können soll. Damit dies korrekt funktioniert, ist das Einhalten der Verträge einer Basisklasse nach dem Konzept "Design by Contract" in einer abgeleiteten Klasse erforderlich. Das Kundenprogramm darf es nicht merken, dass an der Stelle eines Objekts der Basisklasse plötzlich ein Objekt einer abgeleiteten Klasse steht. Daher muss sich die abgeleitete Klasse gleich verhalten wie die Basisklasse und die Verträge der Basisklasse einhalten. Analoges gilt für eine Schnittstelle und ihre Realisierung.

- **"Principle of Least Astonishment"**

  Für das Vermeiden von Überraschungen ist das "**Principle of Least Astonishment**" (siehe Kapitel 6.3) von sehr großer Bedeutung, welches dafür sorgt, dass die Anwender bzw. die Programmierer sich auf das Einhalten gängiger Konventionen verlassen können und nicht getäuscht werden. Nach dem "**Principle of Least Astonishment**" sollten Schnittstellen so entworfen werden, dass ihre Reaktion den Benutzer nicht überrascht. Mit anderen Worten: Sie sollen sich so verhalten, wie sie es andeuten, und sollen den Benutzer nicht täuschen, da damit Fehler provoziert würden. Dieses Prinzip trägt damit zur Verständlichkeit und zur Korrektheit bei.

9.5 Prinzipien für die Stabilität und Erweiterbarkeit bei Programmänderungen

Das "Open-Closed Principle" (siehe Kapitel 7.1) gilt für **Programme** und **Spezifikationen**.

Es fordert im Falle von Programmen, bei Änderungen eines Systems vorhandene, stabile Klassen wiederzuverwenden, um Fehlersituationen zu vermeiden. Dies erhöht die Stabilität von Programmen. Das "Open-Closed Principle" verlangt, dass Module offen für Erweiterungen und gleichzeitig geschlossen für Veränderungen sind.

Offenheit bedeutet, dass stabile Module als unveränderte Bauteile wiederverwendet werden können, wobei die Änderungen sich auf Erweiterungen der stabilen Module beschränken. Eine Änderung soll im Falle von Programmen nicht im bereits bestehenden Code, sondern soll als objektorientierte Erweiterung bereits getesteter Programme erfolgen. Eine **Erweiterung des Quellcodes** kann durchgeführt werden mit der Technik der **Vererbung** oder mit Hilfe des Prinzips **"Ziehe Objektkomposition der Klassenvererbung vor"**. Das Prinzip "Ziehe Objektkomposition der Klassenvererbung vor" (siehe Kapitel 7.2) ist eine Konkurrenztechnik zur Vererbung, welche zu einer Verringerung von Abhängigkeiten führt und statt der Vererbung die sogenannte Objektkomposition verwendet. Dies erhöht die Wandelbarkeit.

Geschlossenheit eines Moduls gegenüber Veränderungen heißt, dass ein Modul als stabiles Bauteil wiederverwendet werden können soll, ohne seinen Code anpassen zu müssen. Da ein solches Modul bereits getestet ist, kann es zur Stabilität beitragen, wenn es wiederverwendet wird.

Das Prinzip "Programmiere gegen Schnittstellen, nicht gegen Implementierungen" ist Inhalt von Kapitel 7.3. Dieses Prinzip fordert, dass Abstraktionen in Form von abstrakten Klassen bzw. Schnittstellen in Java anstelle konkreter Klassen als Datentypen verwendet werden, und schafft dadurch einen wiederverwendbaren Code.

9.6 Das Konzept "Inversion of Control"

Das Konzept "Inversion of Control" (siehe Kapitel 8) führt zur Umkehr der Kontrolle zwischen zwei zusammenwirkenden Programmteilen. Während normalerweise ein Modul die Steuerung des Kontrollflusses selbst vorgibt, führt der Einsatz des Konzeptes "Inversion of Control" zu einer ereignisorientierten Programmierung. Viele Frameworks verwenden beispielsweise diese Technik und erzeugen Ereignisse, auf welche das eigentliche Programm reagieren muss. Ein Programm beschreibt nicht mehr, wann und in welcher Reihenfolge was aufgerufen werden soll, sondern nur noch, was bei Auftreten eines bestimmten Ereignisses getan werden soll.

Durch Trennung des Auslösens eines Ereignisses und der Reaktion auf dieses Ereignis verbessert man die **Wandelbarkeit**, weil beide Seiten leichter geändert werden können, ohne dabei die jeweils andere Seite zu beschädigen. Aus dem gleichen Grund wird die **Wiederverwendbarkeit** beider Seiten erhöht.

Anhang: Problem- und Lösungsbereich

Bei den Anwendungsfunktionen eines Systems kann man zwischen **Verarbeitungsfunktionen** und den sogenannten **technischen Funktionen** unterscheiden.

Eine **Verarbeitungsfunktion** "tut" etwas und ist sozusagen ein Prozessor, der ein Problem löst, das bereits im Problembereich[92] der untersuchten Domäne existiert. Beim Studium des **Problembereichs** – also der Fachlichkeit – eines Programms stehen im Rahmen der **Analyse** die fachlichen Aufgaben, also die Verarbeitungsfunktionen, und ihre Verknüpfungen im Zentrum des Interesses. Die Beschränkung in der Analyse auf Verarbeitungsfunktionen verhindert, dass man sich in der Menge der zu analysierenden Funktionen verläuft. Man hat in der Analyse noch kein lauffähiges Programm, sondern befasst sich mit den für das Programm erforderlichen fachlichen Funktionen und deren Abläufen aus logischer Sicht.

Um eine untersuchte **Verarbeitungsfunktion** in Realität ordnungsgemäß auf dem Rechner zum Laufen zu bringen, braucht man beim **Entwurf** im **Lösungsbereich** in der Regel zusätzlich zu den betrachteten Verarbeitungsfunktionen noch die bereits genannten **technischen Funktionen des Lösungsbereichs**[93] wie Funktionen zur Datenhaltung.

Technische Funktionen gibt es ausschließlich im Lösungsbereich

Sogenannte **technische Funktionen** sind:

- Funktionen zur **Datenhaltung**,
- Funktionen zur **Ein- und Ausgabe**,
- Funktionen zur **Rechner-Rechner-Kommunikation,**
- Funktionen zur **Sicherheit**,
- Funktionen zur **Parallelität/Interprozesskommunikation**.

Natürlich muss es eine im Problembereich bzw. in der Analyse betrachtete Verarbeitungsfunktion in anderer Form auch im Lösungsbereich bzw. dem Entwurf geben, denn ansonsten würde ihre Funktionalität einfach unter den Tisch fallen.

Verarbeitungsfunktionen einschließlich der hier aufgeführten technischen Funktionen der Datenhaltung, Ein- und Ausgabe und Rechner-Rechner-Kommunikation werden zusammen auch **"Grundfunktionen der Informationstechnik"** genannt, da sie elementar für physische Systeme der Informationstechnik sind.

Die Funktionen zur Sicherheit und Parallelität/Interprozesskommunikation betreffen **Qualitäten des Systems**, die auf der Existenz bestimmter Funktionen beruhen, also auf **funktionalen Qualitäten**.

---

92 Der Problembereich stellt die logische Sicht, also die Sicht der Fachlichkeit, einer Anwendung dar.
93 Der Lösungsbereich umfasst alle Funktionen, die eine Anwendung zum Laufen braucht.

J. Goll, *Entwurfsprinzipien und Konstruktionskonzepte der Softwaretechnik*,
https://doi.org/10.1007/978-3-658-25975-4

Die folgende Tabelle analysiert die Bedeutung der verschiedenen Funktionalitäten eines Anwendungsprogramms bei der Analyse im Problembereich und dem Entwurf im Lösungsbereich:

Funktionalitäten	**Analyse/ Problembereich**	**Entwurf/ Lösungsbereich**
Verarbeitung	**detailliert betrachtet**	**detailliert betrachtet**
Datenhaltung	Es wird nur betrachtet, was gespeichert wird.	**detailliert betrachtet**
Ein- und Ausgabe	Es wird nur betrachtet, was ein- bzw. ausgegeben wird.	**detailliert betrachtet**
Rechner-Rechner-Kommunikation	Es wird nur betrachtet, was übertragen wird.	**detailliert betrachtet**
Sicherheit	nicht betrachtet	**detailliert betrachtet**
Parallelität/Interprozesskommunikation	nicht betrachtet	**detailliert betrachtet**

Tabelle Anhang-1 Funktionsklassen eines objektorientierten Anwendungsprogramms

Es ist nicht möglich, für technische Funktionen generell ein Schichtenmodell zu zeichnen.

Literaturverzeichnis

Abkürzungen erhalten bei Büchern und bei Internetquellen, die eine Jahreszahl aufweisen, 5 Zeichen. Die ersten drei Buchstaben werden aus dem ersten Namen der Autoren gebildet, wobei der erste Buchstabe groß geschrieben wird. Die Zeichen 4 und 5 speichern die letzten beiden Ziffern des Erscheinungsjahrs. Gibt es von einem Autor mehrere Veröffentlichungen im selben Jahr, so wird sein Name in der 3. Stelle eindeutig abgeändert.

Der Name von Internetquellen ohne Jahreszahl besteht aus 6 klein geschriebenen Zeichen.

App96 Appleton, B.: "(OTUG) Law of Demeter" 24 10 1996.
Online verfügbar:
http://www.ccs.neu.edu/research/demeter/demeter-method/LawOfDemeter/AppletonExplainsLoD.txt
[Zugriff am 08 02 2019].

appint Appleton, B.: "Introducing Demeter and its Laws".
Online verfügbar:
http://www.bradapp.com/docs/demeter-intro.html
[Zugriff am 08 02 2019].

Bar68 Barnett, T. O. and Constantine, L. L., eds: "Segmentation and Design Strategies for Modular Programming." In "Modular Programming: Proceedings of a National Symposium". Cambridge, Mass., Information & Systems Press, 1968.

Bec97 Beck, K.: "Make it Run, Make it Right: Design Through Refactoring. The Smalltalk Report", 6, pp. 19-24, 1997.

Bec99 Beck, K: "Extreme Programming Explained: Embrace Change". Addison-Wesley Longman, Amsterdam, 1999.

Ber11 Berens, D., "Ein Refaktorisierungswerkzeug zur Umsetzung des Law of Demeter". Masterarbeit, Okt. 2011.
Online verfügbar:
https://www.fernuni-hagen.de/imperia/md/content/ps/masterarbeit-berens.pdf
[Zugriff am 08 02 2019].

bockda Bock., D.: "The Paperboy, The Wallet, and The Law Of Demeter".
Online verfügbar:
http://www.ccs.neu.edu/research/demeter/demeter-method/LawOfDemeter/paper-boy/demeter.pdf
[Zugriff am 08 02 2019].

Boo95 Booch, G.: "Object Solutions: Managing the Object-Oriented Project". Addison-Wesley, 1995.

J. Goll, *Entwurfsprinzipien und Konstruktionskonzepte der Softwaretechnik*,
https://doi.org/10.1007/978-3-658-25975-4

Dav95 Davis, A. M.: "201 Principles of Software Development". Mc Graw-Hill, 1995.

DeM79 DeMarco, T.: "Structured Analysis and System Specification". Prentice Hall, 1979.

Dij74 Dijkstra, E.: "On the role of scientific thought". In: Dijkstra, E.: "Selected Writings on Computing: A Personal Perspective". Springer-Verlag, 1982, pp. 60-66.
Das entsprechende Originalpapier stammt von 1974.
Auch online verfügbar:
https://www.cs.utexas.edu/users/EWD/transcriptions/EWD04xx/EWD447.html
[Zugriff am 08 02 2019].

For08 Ford, N.: "The Productive Programmer". O'Reilly Media, 2008.

Fow04 Fowler, M.: "Inversion of Control Containers and the Dependency Injection Pattern", 23.01.2004.
Online verfügbar:
http://www.martinfowler.com/articles/injection.html
[Zugriff am 08 02 2019].

Fow05 Fowler, M.: "Inversion of Control", 26.6.2005.
Online verfügbar:
https://martinfowler.com/bliki/InversionOfControl.html
[Zugriff am 08 02 2019].

Fow06 Fowler, M: "RoleInterface", 22.12.2006.
Online verfügbar:
https://martinfowler.com/bliki/RoleInterface.html
[Zugriff am 08 02 2019].

Fow15 Fowler, M.: "Yagni", 26. 05. 2015.
Online verfügbar:
http://martinfowler.com/bliki/Yagni.html
[Zugriff am 08 02 2019].

Fri04 Frick, S. empros gmbh: "Testgetriebene Entwicklung – ein Leitfaden" 9.10.2004.
Online verfügbar:
http://www.empros.ch/downloads/testgetriebeneentwicklung041009.pdf
[Zugriff am 08 02 2019].

Gam09 Gamma, E., Helm, R., Johnson, R., Vlissides, J.: "Entwurfsmuster: Elemente wiederverwendbarer objektorientierter Software". Addison-Wesley, 2009

Gam94 Gamma, E., Helm, R., Johnson, R., Vlissides, J.: "Design Patterns: Elements of Reusable Object-Oriented Software". Addison-Wesley, 1994.

Gau70 Gauthier, R. L., Ponto, S. D.: "Designing System Programs". Prentice Hall, 1970.

Gol14 Goll, J.: "Architektur- und Entwurfsmuster der Softwaretechnik: Mit lauffähigen Beispielen in Java": Springer Vieweg, 2014.

Hol89 Liebherr, K. J. und Holland I. M.: "Assuring Good Style for Object-Oriented Programs", 1989.
Online verfügbar:
http://homepages.cwi.nl/~storm/teaching/reader/LieberherrHolland89.pdf
[Zugriff am 08 02 2019].

Jam86 Geoffrey, J.: "The Tao of Programming". Info Books, 1986.
Online verfügbar:
http://www.mit.edu/~xela/tao.html
[Zugriff am 08 02 2019].

Jef00 Jeffries, R., Anderson A., Hendrickson Ch.: "Extreme Programming Installed". Addison-Wesley, 2000.

Joh88 Johnson, R. E., Foote, B.: "Designing Reusable Classes". Journal of Object-Oriented Programming, June/July 1988.
Online verfügbar:
https://www.cse.msu.edu/~cse870/Input/SS2002/MiniProject/Sources/DRC.pdf
[Zugriff am 08 02 2019].

keenes Keene, S: "Reliability, Law of Least Astonishment and the Interoperability Imperative".
Online verfügbar:
https://www.hawaii.edu/csati/summit/SKeene_Reliability_Society_Interoperability.pdf
[Zugriff am 08 02 2019].

Lie88 Lieberherr, K., Holland, I., Riel, A. "Object-Oriented Programming: An Objective Sense of Style". OOPSLA '88 Proceedings, Sept. 88.
Online verfügbar:
http://www.ccs.neu.edu/research/demeter/papers/law-of-demeter/oopsla88-law-of-demeter.pdf
[Zugriff am 08 02 2019].

Lie89 Lieberherr, K. J., Holland, L. : "Assuring Good Style by Object-Oriented Programs".
Online verfügbar:
http://homepages.cwi.nl/~storm/teaching/reader/LieberherrHolland89.pdf
[Zugriff am 08 02 2019].

Lie95 K. J. Lieberherr, "Adaptive Object-Oriented Software – The Demeter Method With Propagation Patterns". PWS Publishing company, 1995.

lieber K.J. Lieberherr, "Law of Demeter: Principle of Least Knowledge". Online verfügbar: http://www.ccs.neu.edu/home/lieber/LoD.html [Zugriff am 08 02 2019].

liebfo I. H. Karl J. Lieberherr, "Formulations and Benefits of the Law of Demeter". Online verfügbar: http://www.ccs.neu.edu/research/demeter/papers/law-of-demeter/law-formulations/revision1/ss.tex [Zugriff am 08 02 2019].

liebla Lieberherr, K. "Law of Demeter (LoD) ". Online verfügbar: http://www.ccs.neu.edu/research/demeter/demeter-method/LawOfDemeter/general-formulation.html [Zugriff am 08 02 2019].

Lie89 Lieberherr, K. J., Holland, L. : "Assuring Good Style by Object-Oriented Programs". Online verfügbar: http://homepages.cwi.nl/~storm/teaching/reader/LieberherrHolland89.pdf [Zugriff am 08 02 2019].

Lis09 Liskov, B. (2009): “The power of abstraction,” Turing Award Lecture. [Video] Online verfügbar: http://amturing.acm.org/vp/liskov_1108679.cfm, Minute 45:45 [Zugriff am 08 02 2019].

Lis87 Liskov, B.: "Data Abstraction and Hierarchy". ACM SIGPLAN Notices, 23(5): pp. 17-34, May 1987.

Mar02 Martin, R. C.: "Agile Software Development: Principles, Patterns, and Practices". Prentice Hall, 2002.

Mar08 Martin, R. C.: "Clean Code: A Handbook of Agile Software Craftsmanship". Prentice Hall, 2008.

Mar12 Martin, R. C.: "Agile Software Development: Principles, Patterns and Practises". Pearson Education, 2012.

Mar13 Martin, R. C.: "Agile Software Development: Principles, Patterns and Practises". Pearson New International Edition, 2013.

Mar14 Martin, R. C." The Single Responsibility Principle" Online verfügbar: https://8thlight.com/blog/uncle-bob/2014/05/08/SingleReponsibilityPrinciple.html [Zugriff am 08 02 2019].

Mar96 R. C. Martin: "The Dependency Inversion Principle", in C++ Report, 1996.
Online verfügbar:

Ma296 Martin, R. C.: "The Interface Segregation Principle"; in: C++ Report, 1996.
Online verfügbar:

Ma396 R. C. Martin: "The Open-Closed Principle". In C++ Report, 1996.
Online verfügbar:

marsrp Martin, Robert C.,: "SRP: The Single Responsibility Principle".
Online verfügbar:
http://www.guillemette.org/uqam/mgl7361/assets/documents/SOLID_principles.pdf
[Zugriff am 08 02 2019].

Mey14 Meyer, B.: "Agile!: The Good, the Hype and the Ugly". Springer, 2014.

Mey88 Meyer, B: Object-Oriented Software Construction. Prentice Hall, 1988.

Mey92 Meyer, B: Applying "Design by Contract". IEEE Computer 25 (1992), Nr. 10, p. 40–51

Pag88 Page-Jones, Meilir: "The Practical Guide to Structured Systems Design". 2d ed. Yourdon Press Computing Series, 1988.

Par71 Parnas, D. L.:"On the criteria to be used in decomposing systems into modules". Carnegie-Mellon University in Pittsburgh, Pennsylvania, 1971.
Online verfügbar:
https://prl.ccs.neu.edu/img/p-tr-1971.pdf
[Zugriff am 08 02 2019].

Ste74 Stevens, W. P., Myers, G. J., Constantine, L. L.: "Structured design". IBM Systems Journal 13 (2), pp. 115–139, 1974.

Swe85 Sweet, R. E.:"The Mesa Programming Environment". Xerox Palo Alto Research Center, 1985 veröffentlicht in SIGPLAN (ACM Special Interest Group on Programming Languages): SLIPE '85 Proceedings of the ACM SIGPLAN 85 symposium on Language issues in programming environments, pp. 216-229, Seattle, Washington, USA – June 25 - 28, 1985, ACM New York, 1985.
Online verfügbar:
http://www.digibarn.com/friends/curbow/star/XDEPaper.pdf
[Zugriff am 08 02 2019].

Tho03 Thomas, D., Hunt, A.: "Der Pragmatische Programmierer". Hanser, 2003.

Wes10 Westphal, R: "Abhängigkeiten bewusster wahrnehmen". Blog Ralph Westphal, 7.9.2010.
Online verfügbar:
http://blog.ralfw.de/2010/09/abhangigkeiten-bewusster-wahrnehmen.html
[Zugriff am 08 02 2019].

Wes13 Westphal, R.: "Messaging as a programming model: Doing OOP as if you meant it". CreateSpace Independent Publishing Platform, 2013.

Wir71 Wirth, N.: "Program development by stepwise refinement". Communications of the ACM, 14(4), 1971.

You79 Yourdon, Edward; Constantine, Larry L.: "Structured Design: Fundamentals of a Discipline of Computer Program and Systems Design". Prentice Hall, 1979.

Abkürzungsverzeichnis

API Application Programming Interface

AWT Abstract Window Toolkit

DbC Design by Contract

DI Dependency Injection

DIP Dependency Inversion Principle

DRY Don't repeat yourself

FCOI Favour Composition over Inheritance

GUI Graphical User Interface

IEC International Electrotechnical Commission

IoC Inversion of Control

ISO International Organization for Standardization

ISP Interface Segregation Principle

KISS Keep it simple, stupid

LoD Law of Demeter

LSP Liskovsches Substitutionsprinzip

PLA Principle of Least Astonishment

OCP Open-Closed Principle

SLA Single Level of Abstraction

SOA Service-Oriented Architecture

SoC Separation of Concerns

SOLID Akronym für SRP, OCP, LSP, ISP, DIP

SRP Single Responsibility Principle

J. Goll, *Entwurfsprinzipien und Konstruktionskonzepte der Softwaretechnik*,
https://doi.org/10.1007/978-3-658-25975-4

UI	User Interface
UML	Unified Modeling Language
XP	Extreme Programming
YAGNI	You aren't gonna need it

Begriffsverzeichnis

- **Abgeleitete Klasse**
  Eine abgeleitete Klasse (Unterklasse, untergeordnete Klasse, Subklasse) wird von einer anderen Klasse, der sogenannten Basisklasse (Oberklasse, übergeordnete Klasse, Superklasse), abgeleitet. Eine abgeleitete Klasse erbt die Struktur (Attribute mit Namen und Typ) und das Verhalten (Methoden) ihrer Basisklasse in einer eigenständigen Kopie.

- **Abhängigkeit**
  Eine Abhängigkeit ist eine spezielle Beziehung zwischen zwei Modellelementen oder Codestücken, die zum Ausdruck bringt, dass sich eine Änderung des unabhängigen Elementes auf das abhängige Element auswirken kann.

- **Abstract Window Toolkit**
  Die Klassenbibliothek AWT ist die Vorgängerin der Klassenbibliothek Swing. AWT-GUI-Komponenten sind in Aussehen und Verhalten abhängig vom Betriebssystem. Aufgrund ihrer Abhängigkeit vom Betriebssystem werden sie als "schwergewichtig" bezeichnet. "Leichtgewichtige" Swing-GUI-Komponenten werden hingegen mit Hilfe der Java 2D-Klassenbibliothek durch die Java Virtual Machine selbst auf den Bildschirm gezeichnet und sind damit in Aussehen und Verhalten unabhängig vom Betriebssystem.

- **Abstrakte Klasse**
  Von einer abstrakten Klasse können keine Instanzen gebildet werden. Ein Grund dafür ist oftmals, dass die Klasse abstrakte (nicht implementierte) Methoden enthält.

- **Abstraktion**
  Unter Abstraktion versteht man das Weglassen irrelevanter Einzelheiten und die Konzentration auf das Wesentliche.

- **Aggregation**
  Eine Aggregation ist eine spezielle Assoziation, die eine Beziehung zwischen einer referenzierenden Komponente und einer referenzierten Komponente ausdrückt. Bei einer Aggregation ist die Lebensdauer eines referenzierten Objekts nicht mit der Lebensdauer des referenzierenden Objekts gekoppelt. Bei einer Komposition hingegen gehört ein Teil genau zu einem zusammengesetzten Ganzen, wobei ein Teil genauso lange wie das enthaltende Ganze lebt.

- **Architektur eines Systems**
  Die Beschreibung der Architektur eines Systems (Systemarchitektur) umfasst:

  - die Beschreibung der Zerlegung des Systems (Statik) in seine physischen Komponenten,
  - eine Beschreibung, wie durch das Zusammenwirken der Komponenten (Dynamik) die verlangten Funktionen erbracht werden sowie

J. Goll, *Entwurfsprinzipien und Konstruktionskonzepte der Softwaretechnik*,
https://doi.org/10.1007/978-3-658-25975-4

- eine Beschreibung der Strategie für die Architektur, d. h. für die Zerlegung (Statik) und für das Verhalten (Dynamik), damit im Team ein "shared understanding" der Architektur gegeben ist.

- **Assoziation**
  Eine Beschreibung eines Satzes von Verknüpfungen (Links) zwischen Objekten. Dabei verbindet eine Verknüpfung bzw. ein Link zwei oder mehr[94] Objekte als Peers (Gleichberechtigte). Eine Assoziation ist prinzipiell eine symmetrische Strukturbeziehung zwischen Klassen. Man kann aber die Navigation auf eine einzige Richtung einschränken.

- **Attribut**
  Den Begriff eines Attributs gibt es bei Klassen/Objekten/Assoziationen und bei Datenbanken. Die Objektorientierung hat diesen Begriff von dem datenorientierten Paradigma übernommen. Er bedeutet:

  1. Ein Attribut ist eine Eigenschaft einer Klasse oder eines Objekts.
  2. Ein Assoziationsattribut charakterisiert eine Assoziation.
  3. Eine Spalte innerhalb einer Relation (Tabelle) einer Datenbank wird auch als Attribut bezeichnet. Hierbei handelt es sich jedoch nicht um den Inhalt der Spalte selber, sondern um die Spaltenüberschrift. Ein Attributwert ist der konkrete Inhalt eines Spaltenelements in einer Zeile.

- **Äußere Qualität**
  Die äußere Qualität ist die Sicht des Kunden auf die Qualität einer Software.

- **Basisklasse**
  Eine Basisklasse (Superklasse, Oberklasse, übergeordnete Klasse) steht in einer Vererbungshierarchie über einer aktuell betrachteten Klasse.

- **Belang**
  Zusammenhängende Funktionen bilden in der Sprechweise von "Separation of Concerns" einen Belang (engl. concern). Verschiedene Belange sollen nach dem Prinzip "Separation of Concerns" sauber getrennt voneinander geführt werden.

- **Benutzungsabstraktion**
  Der Zugang zu einem Modul bzw. einer Komponente erfolgt über eine definierte, schmale Schnittstelle, welche die Leistung eines Moduls abstrahiert und dessen Services anbietet. Benutzer müssen nur wissen, welche Leistung durch ein Modul erbracht wird, nicht aber, wie dessen Implementierung erfolgt. Bei Vorliegen einer Benutzungsabstraktion kann die Verwendung eines Moduls erfolgen, ohne dass man dessen Aufbau kennt.

- **Black-Box-Wiederverwendung**
  Da keine internen Details der Objekte sichtbar sind und die Objekte als Black-Boxes erscheinen, wird "Objektkomposition" auch Black-Box-Wiederverwendung genannt [Gam09, p. 26].

---

94 Man kann Multiplizitäten für Objekte einführen.

- **Classifier**
  Classifier ist ein Begriff aus dem Metamodell von UML. Die Metaklasse `Classifier` ist eine abstrakte Metaklasse.

  Es gibt eine Hierarchie von Classifiern. Die Wurzel ist die Metaklasse `Classifier` des Pakets `Classes::Kernel`. Von dieser Wurzel wird abgeleitet und ein ganzer Baum von Classifiern aufgebaut. Eine der Spezialisierungen der Metaklasse `Classifier` ist die Metaklasse `Class`, die Abstraktion einer Klasse. Instanzen der Metaklasse `Class` sind die Klassen.

  Jedes Modellelement von UML, von dem eine Instanz gebildet werden kann, ist ein Classifier. Ein Classifier bis auf die abstrakte Metaklasse `Classifier` kann instanziiert werden.

  Ein Classifier besitzt in der Regel eine Struktur und ein Verhalten. Schnittstellen besitzen als einzige Ausnahme meist keine Attribute, d. h., sie haben keine Struktur.

- **Client**
  Siehe Kunde

- **Concern**
  Das engl. Wort "concern" kann mit Belang, Anliegen, Interesse oder Verantwortung übersetzt werden.

- **Dependency Injection**
  Die Erzeugung von Objekten wird an eine dafür vorgesehene Instanz delegiert. Diese Instanz, die auch Injektor genannt wird, erzeugt zur Laufzeit auch die Verknüpfungen zwischen den Objekten. Damit wird die Abhängigkeit zwischen nutzendem und benötigtem Objekt stark abgeschwächt, aber nicht vollständig aufgelöst.

  Zur Kompilierzeit kennt ein Objekt einer nutzenden Klasse statt der konkreten Klasse nur eine Abstraktion der Klasse des vom nutzenden Objekt benötigten Objekts. Der Vertrag dieser Abstraktion muss vom Objekt der benutzten Klasse, welches der Injektor an die Stelle der Abstraktion setzt, eingehalten werden.

- **Dependency Lookup**
  Bei dem Konzept "Dependency Lookup" sucht ein Objekt, das ein anderes Objekt braucht, nach diesem anderen Objekt z. B. in einem Register, um die Verknüpfung mit dem benötigten Objekt herzustellen. Zur Suche braucht das suchende Objekt nur einen Schlüssel wie den Namen des gesuchten Objekts zu kennen und ist beim Suchen von dem anderen Objekt weitgehend entkoppelt.

  Ein suchendes Objekt muss nicht mehr die konkrete Klasse des von ihm benötigten Objekts, aber die Abstraktion der Klasse des benötigten Objekts kennen und einhalten, um die Methoden des gesuchten Objekts aufrufen zu können.

  Das suchende Objekt ist aber ferner auch vom Register abhängig, da es von diesem seine benötigten Objekte bezieht.

- **Design**
  Wird im Sinne von Entwurf verwendet.

- **Design Pattern**
  Siehe Entwurfsmuster

- **Domäne**
  Eine Domäne umfasst die Aufgaben einer bestimmten Anwendung, auch Fachkonzept genannt.

- **Entwurfsmuster** (engl. **design patterns**)
  Klassen oder Objekte in Rollen, die in einem bewährten Lösungsansatz zusammenarbeiten, um gemeinsam die Lösung eines wiederkehrenden Problems zu erbringen.

- **Extreme Programming**
  Extreme Programming (XP) von Kent Beck [Bec99] ist eine agile Methode, die im Gegensatz zu spezifikationsorientierten Methoden das Programmieren in den Vordergrund eines Projekts stellt sowie die Planung und die Erstellung von Dokumenten auf das Allernötigste beschränkt.

- **Feature**
  Ein Feature ist eine kleine, nützliche Funktion für den Kunden.

- **Framework**
  Ein Framework offeriert dem nutzenden System Klassen, von welchen das System abgeleitet werden kann und somit deren Funktionslogik erben kann. Ein Framework bestimmt die Architektur der Anwendung, also die Struktur im Großen. Es definiert weiter die Unterteilung in Klassen und Objekte, die jeweiligen zentralen Zuständigkeiten, die Zusammenarbeit der Klassen und Objekte sowie den Kontrollfluss [Gam09, p. 37].

- **Geheimnisprinzip**
  Siehe Information Hiding

- **Generalisierung**
  Eine Generalisierung ist die Umkehrung der Spezialisierung. Wenn man generalisieren möchte, ordnet man oben in der Vererbungshierarchie die allgemeineren Eigenschaften ein und nach unten die spezielleren, da man durch die Vererbung die generalisierten Eigenschaften wieder erbt. In der Vererbungshierarchie geht also die Generalisierung nach oben und die Spezialisierung nach unten.

- **Geschäftsprozess**
  Ein Geschäftsprozess ist ein Prozess der Arbeitswelt mit fachlichem Bezug. Er stellt eine Zusammenfassung verwandter Einzelaktivitäten, um ein geschäftliches Ziel zu erreichen, dar.

- **Information Hiding**
  Wird eine Einheit wie ein Modul oder eine Klasse gekapselt, werden nach außen nur wenige Informationen über die Services dieser Einheit freigegeben (schmale Schnittstelle). Die Implementierung wird gekapselt oder verborgen ("Information Hiding").

  "Information Hiding" sorgt beispielsweise dafür, dass die internen, privaten Strukturen eines Objekts einer Klasse nach außen unzugänglich sind. Nur der Implementierer einer Klasse kennt normalerweise die internen Strukturen, Methodenrümpfe und Servicemethoden eines Objekts. Implementierung und Schnittstellen werden getrennt. Die Daten eines Objekts sind nur über die Methodenköpfe einer Schnittstelle erreichbar.

- **Innere Qualität**
  Der Entwickler sieht die innere Qualität einer Software. Software muss eine korrekte, stabile und verlässliche Konstruktion darstellen, wobei der Code leicht änderbar und erweiterbar sein muss.

- **Instanz**
  Eine Instanz ist ein Objekt einer Klasse.

- **Instanziierung**
  Das Erzeugen einer Instanz einer Klasse.

- **Inversion of Control**
  Bei der Umkehr des Kontrollflusses gibt ein selbst geschriebenes Modul die Steuerung des Kontrollflusses an ein anderes Modul ab, das oft wiederverwendbar ist und in Gestalt eines Framework vorliegt.

- **Kapselung**
  Die Kapselung eines Moduls umfasst "Information Hiding" und den Zugriff auf ein Modul über eine Schnittstelle als Abstraktion der Leistung eines Moduls. Die Implementierung der Module ist verborgen und ist nur über deren Schnittstellen zugänglich (Benutzungsabstraktion).

- **Klasse**
  Eine Klasse stellt im Paradigma der Objektorientierung einen Datentyp dar, von dem Objekte erzeugt werden können. Eine Klasse hat eine Struktur und ein Verhalten. Die Struktur umfasst die Attribute. Die Methoden und ggf. der Zustandsautomat der Klasse bestimmen das Verhalten der Objekte.

- **Klassendiagramm**
  Ein Klassendiagramm zeigt insbesondere Klassen und ihre wechselseitigen statischen Beziehungen (Assoziationen, Generalisierungen, Realisierungen, Abhängigkeiten).

- **Komponente**
  Siehe Modul

- **Komposition**
  Eine Komposition ist ein Spezialfall einer Assoziation. Bei einer Komposition gehört ein Teil genau zu einem zusammengesetzten Ganzen. Ein Teil lebt genauso lange wie das enthaltende Ganze.

- **konkrete Klasse**
  Eine konkrete Klasse kann im Gegensatz zu einer abstrakten Klasse instanziiert werden, d. h. es können Objekte von dieser Klasse gebildet werden.

- **Konstruktor**
  Ein Konstruktor ist eine spezielle Methode. Ein Konstruktor trägt den Namen der Klasse, wird beim Erzeugen eines Objekts aufgerufen und dient zu dessen Initialisierung. Ein Konstruktor hat keinen Rückgabetyp und kann nicht vererbt werden.

- **Kunde**
  Hier: Teil eines Computerprogramms, welches gewisse Objekte oder Funktionalitäten benutzt.

- **logisch zusammenhängend**
  Aus Sicht des Problembereichs stark zusammenhängende Module werden als "logisch zusammenhängend" bezeichnet.

- **Lösungsbereich**
  Im Problembereich ist man in einer idealen Welt mit unendlicher Performance und keinem technischen Fehler, im Lösungsbereich ist man in der physischen Welt mit ihren Einschränkungen und technischen Fehlern.

  Im Problembereich ist man in der Welt der Logik der Anwendung. Im Lösungsbereich ist man in der Welt der Konstruktion.

  Im Problembereich gibt es kein technisches System, im Lösungsbereich gibt es ein technisches System.

  Im Problembereich kümmert man sich um die Verarbeitungsprozesse in einer idealen Gedankenwelt (Essenz des Systems), im Lösungsbereich um alle Funktionsklassen.

- **Mock-Objekt**
  Ein Mock-Objekt ist ein Objekt, das als Platzhalter für echte Objekte innerhalb eines Komponententests verwendet wird. Der Begriff kommt aus dem Englischen und kann mit "etwas vortäuschen" übersetzt werden. Ein Mock-Objekt hat eine Logik implementiert. Ein Mock-Objekt kann beim Testen wie das tatsächliche Objekt aufgerufen werden und liefert vorher festgelegte, sinnvolle Werte zurück.

- **Modul**
  Es gibt keine einheitliche Definition. In diesem Buch wird ein Modul folgendermaßen verwendet:

Ein Modul kapselt seine Implementierung. Solange die Schnittstelle eines Moduls nicht verändert wird, kann man im Inneren eines Moduls beliebige Änderungen durchführen. Die Leistung eines Moduls steht über schmale Schnittstellen nach außen zur Verfügung. Die Verwendung eines Moduls kann also erfolgen, ohne dass man den Aufbau eines Moduls kennt (Benutzungsabstraktion).

Wenn die Schnittstellen der Module feststehen, können die Module unabhängig voneinander entwickelt werden (Parallelität der Entwicklung der Module). Module sind in sich logisch sehr stark zusammenhängend und tragen nach dem "Single Responsibility Principle" von Robert C. Martin nur eine einzige Verantwortlichkeit. Module sollen getrennt getestet werden können.

- **Oberklasse**
  Siehe Basisklasse

- **Objekt**
  Siehe Klasse

- **öffentliche Methode**
  Siehe Schnittstellenmethode

- **Over-Engineering**
  Man spricht von Over-Engineering, wenn ein Produkt in höherer Qualität oder mit mehr Aufwand erstellt wird, als es der Kunde wünscht. Dabei wird oft die Zahlungsbereitschaft des Kunden überschritten.

- **Paket in Java**
  Ein Paket in Java dient zur Gruppierung von Klassen und Schnittstellen sowie von Paketen in einem Paket. Ein Paket stellt einen Namensraum dar, ist eine Einheit für den Zugriffsschutz und erleichtert die Übersicht.

- **Paradigma**
  Ein Paradigma ist ein Denkkonzept.

- **Polymorphie von Objekten**
  Polymorphie von Objekten bedeutet Vielgestaltigkeit. Ein Objekt eines Subtyps kann auch in Gestalt der entsprechenden Basisklasse auftreten.

- **Problembereich**
  Der sogenannte Problembereich oder Problem Domain ist der Bereich, der automatisiert werden soll. Es ist derjenige Teil der realen Welt, der später durch die zu realisierende Software abgedeckt werden soll.

- **Realisierung**
  Eine Realisierung ist eine statische Beziehung zwischen zwei Elementen, in der das eine Element einen Vertrag spezifiziert und das andere Element sich verpflichtet, diesen Vertrag bei der Realisierung einzuhalten. Realisierungsbeziehungen gibt es beispielsweise bei Klassen, die Schnittstellen implementieren.

- **Schnittstelle**
  Eine Schnittstelle (engl. interface) stellt das Bindeglied zwischen den Nutzern eines Moduls und der Implementierung dieses Moduls dar. Nur die Schnittstelle eines Moduls ist nach außen sichtbar. Eine Schnittstelle erlaubt es, auf die Implementierung eines Moduls zuzugreifen, ohne die Implementierung dieses Moduls zu kennen. Sind Module nicht gekoppelt, können sie nicht zusammenarbeiten.

  Eine Schnittstelle stellt eine Abstraktion des entsprechenden Moduls und dessen angebotenen Leistungen dar. Auf der Ebene von Klassen beinhaltet eine Schnittstelle die Methodenköpfe – also Methodennamen, Rückgabetypen und Übergabeparameter – von öffentlichen Methoden der Klasse. Eine bestimmte Schnittstelle kann alle Operationen oder aber auch nur einen Teil der Operationen einer Klasse repräsentieren. Eine Schnittstelle spezifiziert einen Vertrag, den das realisierende Element erfüllen muss.

  Schnittstellen können in objektorientierten Programmiersprachen oftmals mit einer formalen Syntax beschrieben werden wie beispielsweise in Form eines Interface in Java.

  In der Vergangenheit sah ein Interface in Java keine syntaktische Möglichkeit vor, Methoden zu definieren. Dies ist erst seit Java 8 möglich. Schnittstellen in Java können jetzt auch den Charakter einer abstrakten Klasse[95] haben und dedizierte Methoden vorgeben. Die Einführung von Implementierungen in einer Schnittstelle untergräbt jedoch die eigentliche Bedeutung einer Schnittstelle.

  Eine Schnittstelle im Sinne dieses Buches enthält grundsätzlich keine Implementierungen.

- **Schnittstellenmethode**
  Über den Methodenkopf einer Schnittstellenmethode (öffentlichen Methode) kann man auf die Daten eines Objektes zugreifen.

- **schüchterner Code**
  Bei schüchternem Code nach dem "Law of Demeter" darf ein Objekt nicht über ein zweites Objekt auf ein drittes Objekt zugreifen.

- **shared understanding**
  "Shared understanding" ist ein Begriff aus der Literatur, siehe beispielsweise [Pat14]. Er bedeutet, dass das wesentliche Wissen über das System und das Projekt zwischen allen Projektbeteiligten geteilt ist.

- **Spezialisierung**
  Siehe Generalisierung

- **Struktur**
  Die Struktur eines Systems ist sein statischer Aufbau.

[95] Abstrakte Klassen dürfen im Allgemeinen neben abstrakten Methoden auch für einige Methoden Implementierungen enthalten – wie neuerdings auch die Interfaces in Java.

- **Stub**
  Stub bedeutet Platzhalter. Ein Stub ist ein vorläufiger, einfacher Ersatz für eine andere Komponente, die noch nicht erstellt ist, aber benötigt wird, damit ein Programm ablauffähig wird und getestet werden kann. Ein Stub bildet die noch fehlende Komponente in einfachster Weise nach. Er hat keine Logik. Die Aufgabe des Stubs ist es dabei nur, die Durchführung eines Aufrufs zu gewährleisten. Damit ist die Lauffähigkeit eines Programmes hergestellt. Ein Stub gibt beim Aufruf einer seiner Methoden einen festen Wert zurück.

- **Subklasse**
  Siehe abgeleitete Klasse

- **Subtyp**
  Eine abgeleitete Klasse stellt einen eigenen Typ dar, der dann als Subtyp bezeichnet wird, wenn das liskovsche Substitutionsprinzip (siehe Kapitel 6.2) und damit der Vertrag (siehe Kapitel 6.1) der Basisklasse eingehalten wird. Dann hat die Interpretation "is a" ihre Berechtigung, da ein Subtyp alles hat (Methoden und Datenfelder), was eine Basisklasse auch hat, und sich die Objekte des Subtyps genau so verhalten wie die Objekte der Basisklasse, wenn die Objekte des Subtyps über Methoden der Basisklasse angesprochen werden.

- **Superklasse**
  Siehe Basisklasse

- **Unterklasse**
  Siehe abgeleitete Klasse

- **Verantwortlichkeit**
  "A reason to change" (Robert C. Martin) charakterisiert eine sogenannte Verantwortlichkeit (engl. responsibility) einer Klasse.

- **Vererbung**
  In der Objektorientierung kann eine Klasse von einer anderen Klasse statisch zur Kompilierzeit erben bzw. von ihr abgeleitet werden. Durch die Vererbung besitzt die abgeleitete Klasse automatisch alle Attribute und Methoden der Klasse, von der sie abgeleitet wird.

- **Vererbungshierarchie**
  Durch die Vererbungsbeziehung zwischen Klassen entsteht eine Hierarchie: Abgeleitete Klassen werden ihren Basisklassen untergeordnet bzw. Basisklassen sind ihren abgeleiteten Klassen übergeordnet.

- **Verhalten**
  Im Verhalten eines Systems kommt seine Funktionalität zum Ausdruck.

- **Vertrag**
  Ein Vertrag regelt insbesondere die Beziehungen zwischen Aufrufer und Aufgerufenem.

- **White-Box-Wiederverwendung**
  Wiederverwendung durch Unterklassenbildung wird oft auch White-Box-Wiederverwendung genannt, da die öffentlichen und geschützten Elemente der Basisklasse in der abgeleiteten Klasse direkt sichtbar sind, wenn Sie nicht verdeckt bzw. überschrieben werden.

Index

J. Goll, *Entwurfsprinzipien und Konstruktionskonzepte der Softwaretechnik*,
https://doi.org/10.1007/978-3-658-25975-4